Degen/Jobst/Kessler
Das Couvert – der perfekt gedeckte Tisch

DEGEN/JOBST/KESSLER

Das Couvert
Der perfekt gedeckte Tisch

PRÜFUNGSVORBEREITUNG
FÜR GASTGEWERBLICHE BERUFE

MIT ÜBER 150 FARBABBILDUNGEN

Best.-Nr.: 04933

PFANNEBERG

Bernd Degen, Schwarzgrub
Küchenmeister, Hotelmeister, Serviermeister und Fachlchrer i. R.

Joachim Jobst, Bodenmais-Mais
Serviermeister und Fachlehrer

Thomas Kessler, Regen-March
Hotelbetriebswirt und Fachlehrer

5. Auflage 2006
Druck 5 4 3 2 1
Alle Drucke derselben Auflage sind parallel einsetzbar, da sie bis auf die Behebung von Druckfehlern untereinander unverändert sind.

ISBN 3-8057-0565-4

Alle Rechte vorbehalten. Das Werk ist urheberrechtlich geschützt. Jede Verwertung außerhalb der gesetzlich geregelten Fälle muss vom Verlag schriftlich genehmigt werden.

© 2006 by Fachbuchverlag Pfanneberg GmbH & Co.KG, 42781 Haan-Gruiten
http://www.pfanneberg.de
Umschlaggestaltung: Markus Groß, TAFF STUFF Media, 26629 Großfehn
Druck: Tutte Druckerei GmbH, 94121 Salzweg

Vorwort

Das richtige „Couvert" für den gedeckten Tisch zu finden bedarf fachlichen Wissens um die Beschaffenheit der Speisen.

In diesem Buch werden Information und richtige Ausführung aufeinander abgestimmt, sodass der Leser in die Lage versetzt wird, fachlich korrekt zu arbeiten und sein Hintergrundwissen zu vertiefen.

Das Falten der zehn gängigsten Serviettenformen wird in den einzelnen Arbeitsschritten dargestellt und beschrieben, sodass diese leicht nachvollzogen werden können.

Gerade bei Prüfungen wird dieses Buch eine Hilfe sein.

Klassische und heute übliche Serviertechniken wurden miteinander verknüpft, um Auszubildendem und Ausbilder Richtlinien an die Hand zu geben.

Die Autoren Frühjahr 2006

Inhalt

Seite

Serviettenformen falten 9
  1 Einfacher Tafelspitz 9
  2 Doppelter Tafelspitz 10
  3 Tüte (Hütchen) 12
  4 Einfache Bischofsmütze 13
  5 Doppelte Bischofsmütze 14
  6 Kopftuch der Holländerin 16
  7 Französische Lilie (Tulpe, Blume) 18
  8 Dschunke (Schiffchen) 20
  9 Fächer 22
 10 Fächer-Variante 24

Eindecken eines Tisches 27
  1 Tisch/Tafel ausrichten 27
  2 Tischwäsche auflegen 28
  3 Ausrichten der Stühle 31
  4 Mundservietten auflegen oder Platzteller einstellen 31
  5 Das Eindecken der Bestecke 32
  6 Das Einstellen der Gläser 34
  7 Das Platzieren der Tischdekoration 36
  8 Das Einsetzen der Menagen und Aschenbecher 36
  9 Mundservietten falten und auflegen 36
 10 Das Einstellen, Einstecken oder Auflegen der Menükarten 37
 11 Stühle eindrehen und ausrichten 37
 12 Letzte Kontrolle 37

Frühstücksgedecke 38
  1 Das kontinentale Frühstück 38
  2 Das erweiterte Frühstück 40
  3 Das englische Frühstück und das amerikanische Frühstück 41
  4 Etagen-Frühstück 44

Vom Restaurantgedeck zum Festgedeck 47
 3-Gang-Menü 48
 4-Gang-Menü 50
 5-Gang-Menü 52
 6-Gang-Menü (Jagdessen) 54
 7-Gang-Menü (Weihnachtsmenü) 56

	Seite
Einsatz von Spezialbestecken	59
Aal	60
Artischocke	62
Aubergine	64
Austern	66
Blätterteig-Pastetchen	68
Die Bouillabaisse	70
Cocktails als Vorspeise	72
Eintopfgerichte	74
Feines Ragout	75
Fondue-Gerichte	76
Forellenfilet	79
Froschschenkel	80
Gänseleber in der Terrine	82
Hummer und Languste	84
Jakobsmuscheln	86
Kaviar	88
Krebse	90
Lachs	93
Matjesfilet	94
Melone	96
Muscheln	99
Schnecken	100
Spaghetti	103
Spargel	105
Besteckteileübersicht ausgewählter Gerichte mit Anrichtemöglichkeiten	107
Bestecktabelle mit Verwendungsmöglichkeiten	113
Alphabetisches Stichwortverzeichnis	117

Serviettenformen falten

Das Falten von Mundservietten sollte aus Gründen der Hygiene nur mit sauberen Händen durchgeführt werden. Einfache Servietten-Formen, die beim Falten nicht so oft angefasst werden müssen, werden heute bevorzugt, auch aus Gründen der Zeit- und Personalknappheit.

Bei gastgewerblichen Prüfungen jedoch, werden gerne auch kompliziertere Formen vorausgesetzt oder verlangt. Deshalb haben wir uns für die folgenden neun Serviettenformen entschieden. Wir verwendeten dabei Baumwoll-Stoffservietten mit dem Maß 50 × 50 cm, wie sie in der Praxis meistens vorzufinden sind.

Einfacher Tafelspitz

Baumwoll-Stoffserviette, ausgebreitet, Saum zeigt nach oben

1. Faltung (Halbierung)

2. Faltung (Viertel der Originalgröße, wie sie aus der Wäschekammer kommt)

linke obere Ecke in die Mitte nach unten schlagen

rechte obere Ecke in die Mitte nach unten legen, diagonale Faltkanten nicht glattstreichen

links wegstehende Ecke auf die rechte Ecke legen

Serviette aufstellen, auf geschlossene Spitze achten

mittig ins Couvert stellen, die Ecken auf die Grundlinie

Doppelter Tafelspitz

Rechte Ecke nach links legen Mittelachse dabei sichern

dieselbe Ecke wieder nach rechts legen

Mittelachse dabei sichern

deckungsgleich aufeinander legen

linke Ecke nach rechts legen, Mittelachse sichern

deckungsgleich auf die beiden anderen Ecken legen

2. linke Ecke nach rechts legen, Mittelachse sichern

deckungsgleich auf die drei anderen Ecken legen

aufstellen, auf geschlossene Spitze achten

mittig ins Couvert stellen, die beiden mittleren Ecken auf der Grundlinie platzieren

Tüte (Hütchen)

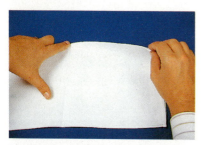

Rechte obere Ecke in die Mitte . . .

nach unten schlagen

linke Hälfte nach rechts klappen

die vier Ecken übereinander legen

in Richtung Spitze hochklappen

eine gerade, ringförmige . . .

Standfläche bilden

mittig ins Couvert stellen, die hochgeklappten Ecken zum Gast hin ausrichten, auf eine geschlossene Spitze achten

Einfache Bischofsmütze

Die vier Ecken übereinander legen, zum Betrachter hin ausrichten

hochklappen, Faltkante glattstreichen

die linke und rechte Ecke ringförmig ineinander stecken

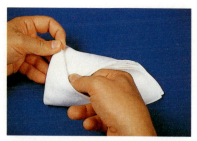

eine gerade, ringförmige Standfläche bilden

mittig ins Couvert stellen

Doppelte Bischofsmütze

Rechte obere Ecke zur Mitte nach unten klappen

Faltkante glattstreichen

linke untere Ecken zur Mitte nach oben klappen, Faltkante glattstreichen

rechte Faltkante deckungsgleich unter die linke Faltkante legen

die linke Ecke . . .

in die Tasche der rechten Ecke . . .

tief einschieben

bis zur Saumkante hin

eine ringförmige Standfläche bilden

mittig im Couvert platzieren, glatte Front zeigt zum Gast

Kopftuch der Holländerin

Serviette öffnen

untere Ecke auf die obere Ecke legen, Faltkante glattstreichen

linke Ecke nach oben klappen

rechte Ecke nach oben klappen

auf der Querachse umschlagen

beide Ecken ringförmig zusammenführen . . .

und ineinander stecken

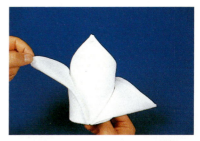
hochstehende Spitzen herunterziehen

mittig im Couvert platzieren

Französische Lilie (Tulpe, Blume)

Serviette öffnen

untere Ecke nach oben legen, Faltkante glattstreichen

linke Ecke nach oben klappen

rechte Ecke nach oben klappen, Faltkanten glattstreichen

untere Ecke zu ¾ Länge nach oben schlagen

Faltkante glattstreichen

wieder nach unten bis zur Faltkante klappen

mit beiden Händen sichern

wenden

Ecken ringförmig zusammenführen

ineinanderstecken

einen runden Standring formen

rechte und linke Spitze umschlagen

oben aufliegende Spitze nach unten klappen, Quadrat bilden

Serviette mittig im Couvert platzieren

Dschunke (Schiffchen)

Die vier aufeinander liegenden Ecken ...

auf die gegenüber liegende Ecke falten, glattstreichen

linke Ecke nach unten ziehen

rechte Ecke nach unten ziehen

überstehende Ecken nach unten . . .

umklappen . . .

aufeinander legen, zusammenhalten, Bug formen

die oben aufliegende Spitze hochziehen

die anderen Spitzen . . .   hochziehen

in gleichen Abständen zueinander ausrichten

diagonal im Couvert platzieren, Bugspitze in Richtung Gast

Fächer

Serviette einmal längs falten, Faltkante nach links

in ca. 3 cm breite Streifen ziehharmonikaförmig falten, Faltkanten glattstreichen

bis etwas über die halbe Serviettenlänge hinaus falten

Ziehharmonika-Faltung nach links unten umschlagen

Faltkanten glattstreichen

Fahne umschlagen

Überstand umklappen

Fächer loslassen und aufstellen

diagonal im Couvert platzieren

oder auf die Grundlinie stellen, Front zeigt zum Gast

Variante zum Fächer-Falten

Auf ¾ Länge ziehharmonikaförmig falten

Faltung nach links unten umschlagen

rechte Fahnenecke umschlagen, in die mittlere Fächerfaltung . . .

tief einschieben, Fächer aufstellen.

Beide Fächer zum Vergleich

Eindecken eines Tisches

Folgender Überblick stellt dar, welche Tätigkeiten in welcher Reihenfolge in diesem Kapitel beschrieben werden:

1. Tisch/Tafel ausrichten
2. Tischwäsche auflegen
3. Stühle ausrichten
4. Mundservietten auflegen oder Platzteller einstellen
5. Besteckteile eindecken
6. Gläser einstellen
7. Tischdekoration platzieren
8. Menagen (und eventuell Aschenbecher) einsetzen
9. Mundservietten falten und auflegen
10. Menükarten einstellen oder auflegen
11. Stühle eindrehen und ausrichten
12. Letzte Kontrolle des Tisches

1 Tisch/Tafel ausrichten

Alle Tische eines Restaurants sollten nach einem Tischplan ausgerichtet sein, um einen geordneten Gesamteindruck zu vermitteln. Beim Geradestellen eines Tisches orientieren wir uns nach diesen Vorgaben, d. h. nach den Positionslinien der anderen Tische, oder nach anderen Hilfslinien. Diese könnten durch Teppich-Musterungen, Fugenlinien, Raumteiler oder Lampenreihen usw. gefunden werden.

Der Tisch darf auch in seiner richtigen Position nicht wackeln. Kleine Höhenunterschiede des Fußbodens werden mit Korkenscheiben oder Korkkeilen ausgeglichen, die dann unter dem Tischbein nicht mehr zu sehen sind. Bitte verwenden Sie hierfür keine Bierdeckel oder Zellstoffservietten!

Ein Korkkeil wird heruntergeschnitten und unter das Tischbein gelegt.

2 Tischwäsche auflegen

Die Tischplatte wird durch das Auflegen einer Moltondecke geschützt. Sie besteht aus einem aufgerauhten Baumwollstoff, mit einer rutschhemmenden Gummi-Unterseite. Diese Moltondecke sollte an allen vier Seiten des Tisches etwa 10 cm überstehen, sodass die aufgelegte Tischdecke weicher fällt. Im übrigen garantiert das Molton ein geräuscharmes Arbeiten beim Gast.

Die Tischdecke muß einen längeren Überhang aufweisen, damit die Moltondecke unsichtbar bleibt. Dieser Überhang hat auf allen vier Seiten des Tisches eine Länge von 20 cm bis 30 cm. Für einen Tisch mit den Maßen 80 x 160 cm benötigt man also eine Tischdecke mit den Mindestmaßen von 120 x 200 cm (Überhang je 20 cm), oder den Maximalmaßen von 140 x 220 cm (Überhang je 30 cm). Beim Neukauf von Tischdecken sollten Sie mit berücksichtigen, dass Baumwollstoffe bei der ersten Kochwäsche noch etwas einlaufen können!

Wir unterscheiden folgende Brüche, das sind die Faltkanten einer richtig gebügelten und zusammengelegten Tischdecke:

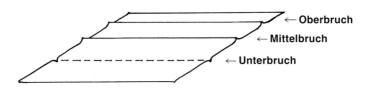

Damit die Tischdecke vom Restaurantfachmann fachgerecht aufgelegt werden kann, muß sie zuvor in der Wäscherei auch richtig gebügelt und zusammengelegt worden sein. Umgeschlagene Saumkanten sollten unsichtbar bleiben, sie verlaufen also auf der Unterseite, d. h. innen in einer gefalteten Decke. Und so wird sie zusammengelegt:

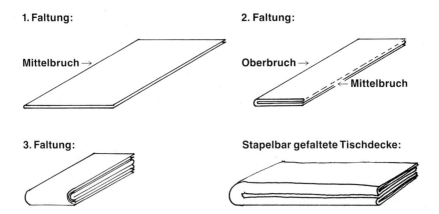

Die Oberbrüche der Tischdecken eines Restaurants sollten einheitlich auf einer Seite verlaufen. Je nach Stellung der Tische und der räumlichen Gegebenheiten könnten sie beispielsweise *alle zur Hauptfensterseite* des Raumes hin liegen, oder *alle zur eingangsabgewandten Seite* hin ausgerichtet sein.

Beim Auflegen der Tischdecke mittig vor die Längsseite des Tisches stellen, wo der Unterbruch zu liegen kommen soll. Nach dem Ausrichten der Moltondecke wird die noch gefaltete und saubere Tischdecke so auf den Tisch gelegt, dass sich der Mittelbruch als oberste Lage vor einem befindet. (siehe Abb. 1)

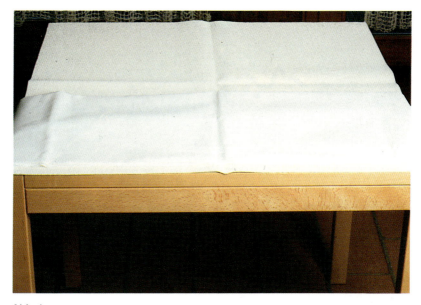

Abb. 1

Mit dem Zeigefinger und Daumen jeder Hand die nächste, sich unter dem Mittelbruch befindliche Saumkante greifen, die übrigen drei Finger liegen oben auf der Tischdecke (siehe Abb. 2). Dann beide Arme möglichst weit spreizen und die Decke hochziehen. Dabei fällt die untere Saumkante, sie wird über die gegenüberliegende Tischkante gehoben.

Jetzt sieht man deutlich den Oberbruch, der parallel zur Kante verlaufen muss (siehe Abb. 3). Dann den Mittelbruch loslassen, indem man den Griff zwischen Mittelfinger und Zeigefinger lockert. Mit Zeigefinger und Daumen weiter am Saum ziehen, bis die Decke gut liegt. Der Mittelbruch muß auf der Tischmitte verlaufen. Sollten noch Korrekturen nötig sein, so sind diese vom Saum aus durchzuführen. Die Decke darf nirgends „gezwickt" werden, auch streicht man nicht die Brüche flach. Der Gast soll sehen, dass sein Tisch mit frisch gebügelter

Abb. 2

Abb. 3

Wäsche eingedeckt wurde. Sollten für einen Tisch/Tafel mehrere Tischdecken aufgelegt werden, so ist an dem Ende des Tisches zu beginnen, das am weitesten vom Eingang des Raumes entfernt liegt. Dadurch wird vermieden, dass der eintretende Gast unter die Überlappungen der Tischdecken sehen kann.

3 Ausrichten der Stühle

Die Stühle werden gerade vor den Tisch gestellt, sodass die Sitzkanten mit dem fallenden Tischtuch abschließen, ohne es zu berühren. Der Abstand zwischen den Stühlen richtet sich nach dem Platzbedarf der Gedecke. Dieser wiederum hängt vom Umfang des Menüs ab, er variiert zwischen 60 cm und 80 cm Länge. Ebenso ist zu bedenken, ob hier später Menügänge aus dem Arm vorgelegt werden müssen.

4 Mundservietten auflegen oder Platzteller einstellen

Eine zweifach gefaltete Mundserviette der gängigsten Größe von 50 x 50 cm hat dann die Maße von 25 x 25 cm. Das entspricht dem Platzbedarf eines Tafeltellers (Ø 24 cm). Deshalb legt man die Mundserviette noch vor dem Besteck auf und hat somit Vorgaben für die Lage und die Abstände der Besteckteile.

Die Serviette muss dabei genau mittig vor dem dazugehörigen Stuhl liegen. Die Bugkante der Serviette zeigt zum Gast und liegt im fingerbreiten Abstand zur Tischkante. Diese Abstandslinie ist die „Grundlinie" für die meisten Bestecke. Man läßt diesen Abstand, damit beim Vorbeigehen und Streifen der Tischkante keine Besteckteile verschoben werden.

Beim Eindecken von *Festtafeln* hat die Mundserviette nun die Platzhalter-Funktion des Stuhles übernommen. Um sich nicht ständig beim Auflegen der Besteckteile über jeden Stuhl beugen zu müssen, schafft man sich einen Arbeitsgang, indem die Stühle in einheitlicher Richtung auszudrehen sind.

Im „à la carte"-Bereich, wo wir mit Einzeltischen arbeiten, verzichten wir auf den relativ zeitraubenden Arbeitsgang.

Stühle werden ausgedreht.

5 Das Eindecken der Bestecke

Die Menüfolge bestimmt den Umfang des Gedeckes (le couvert). Unmittelbar neben der Serviette liegt das Besteck des Menü-Hauptgangs, rechts das Tafelmesser, links die Tafelgabel. Gibt es als Hauptgang Fisch, so decken wir statt dessen natürlich Fischbesteck ein. Die Griffenden der Messer und Gabeln liegen genau auf der „Grundlinie". Die Messerschneiden zeigen nach links.

Rechts im Gedeck liegen höchstens vier Besteckteile, links maximal drei (ohne das Buttermesser auf dem Brotteller gezählt). Oben quer im Couvert liegen ebenfalls höchstens drei Besteckteile. Sollten darüber hinaus zusätzliche Bestecke benötigt werden, so sind diese vor dem Servieren des betreffenden Ganges nachzudecken.

Die zweite Gabel, die für eine Speisenfolge eingedeckt wird, wird hochgezogen. Das bedeutet, sie liegt mit der dünnsten Stelle ihres Griffes neben der breitesten Stelle der Hauptgang-Gabel (meistens Tafelgabel). Die dritte Gabel, z. B. eine Mittelgabel für die Vorspeise, liegt wieder auf der Grundlinie. Rechts im Gedeck wird alles auf die „Grundlinie" ausgerichtet.

Was die Position des Brottellers angeht, so gibt es viele Varianten. Im Bereich der IHK-Niederbayern werden bei den Gehilfen- und Meisterprüfungen nur zwei Lösungten akzeptiert:

a) Die Oberkante des Brottellers ist in Höhe der Zinkenspitzen der *Tafel*gabel, oder
b) die Mittelquerachse des Brottellers ist in Höhe der Zinkenspitzen der *Tafel*gabel.

In jedem Falle muß die Vignette (Haussymbol) auf dem Teller genau in der Mitte oben sein. Die zweite Lösung läßt dem Gast mehr Platz für seine linke Hand und wird von den meisten Prüflingen bevorzugt.

Das Buttermesser liegt ganz rechts auf der Tellerfahne, parallel zu den anderen Bestecken und läßt somit viel Raum für das Servieren von Butter und Toast. Die Schneide der Klinge zeigt nach links, wie bei den anderen Messern auch.

Die Bestecke für die Gänge, die nach dem Hauptgang folgen, werden oben quer eingedeckt. Wird die Nachspeise auf Tafeltellern oder Mittellern serviert, verwendet man traditionell das Entremet-Besteck (Mittelgabel und Mittellöffel). Über die Mundserviette legt man zuerst die Mittelgabel, mit dem Griffende nach links, dann den Mittellöffel, mit dem Griffende nach rechts genau nebeneinander hin. Ist das Dessert in kleinen Glasschalen oder in Coupes angerichtet, sind besser Kuchengabel und Kaffeelöffel zu verwenden, die ebenso zu liegen kommen, proportionsmäßig jedoch passender sind.

Wird Käse anstatt des Desserts angeboten, so deckt man folgendermaßen ein:

Das Messer liegt unten, Schneide nach unten!

Wurden Käse und Dessert gereicht, so empfiehlt es sich, das Mittelbesteck für den Käse nach dem Hauptgang nachzudecken. Vorher wird also nur das Dessertbesteck oben aufgelegt!

Das Thema Sonderbestecke (Spezialbestecke), die für bestimmte Speisen eingedeckt werden, wird im folgenden ausführlich behandelt werden.

6 Das Einstellen der Gläser

Liegen alle Bestecke, so können die Gläser eingestellt werden. Die Auswahl der Gläser richtet sich nach der Getränkefolge im Menü. Das Glas für den Hauptgangwein ist das „Richtglas", nach dem die anderen Gläser ausgerichtet werden. Das „Richtglas" steht über dem Hauptgang-Messer. Das Weinglas des Weins, der zuerst serviert wird, muss vom Gast auch zuerst erreicht werden können. Deshalb steht dieses auf einer gedachten 45°-Linie knapp vor dem „Richtglas", ohne es zu berühren.

Zum Dessert wird häufig Schaumwein serviert. Stellt man das Sektglas dafür auch auf diese 45°-Linie, knapp hinter das „Richtglas", so haben wir die Formation der *„3er-Reihe"* (siehe Abbildung auf der nächsten Seite). Den *„3er-Block"* formt man, indem das Sektglas knapp hinter dem ersten Glas (Vorspeisen-Weinglas) platziert wird.

7 Das Platzieren der Tischdekoration

Die Tischdekoration sollte dem Anlass eines Essens angepasst sein und dem positiven Gesamtbild dienen. Sie sollte gleichgewichtig verteilt sein, ohne dass dabei auf optische Schwerpunkte verzichtet werden müsste. Durch das Platzieren der Blumengestecke oder Vasen, der Kerzenleuchter, der Porzellanfiguren oder anderer Dekorationsgegenstände sollte die Symmetrie des Tisches nicht zerstört werden. Manchmal ist es schwierig, bei größeren Tafeln für solche Gegenstände den richtigen Standort zu bestimmen. Hier kann ein Blick auf die Tischbeine helfen, die gesuchte Mittelachse zu erkennen.

Auch sollte beachtet werden, dass der Blumenschmuck nicht zu hoch gesteckt wurde, das Gespräch zwischen den Gästen darf dadurch nicht beeinträchtigt werden. – Auf stark duftende Blumen sollte verzichtet werden. – Die Tafeldecke darf durch Gestecke nicht feucht oder schmutzig werden. Deshalb sollten die Blumen auf einem Unterteller stehen und vor dem Einstellen mit Wasser versorgt worden sein.

Die „3er-Reihe".

Der „3er-Block".

8 Das Einsetzen der Menagen und Aschenbecher

Hier sind zwei Bereiche zu unterscheiden: Der „à la carte"-Tisch im Restaurant und die Festtafel. Man geht wie folgt vor:

a) Im „à la carte"-Bereich werden Salz- und Pfeffermenagen auf den Einzeltischen eingestellt. Nebeneinander stehen sie links und rechts des Mittelbruchs der Tischdecke. Im gleichen Abstand zur Blumendekoration stellt man den Aschenbecher ein.

b) Bei Festtafeln werden nur die Salzmenagen aufgestellt, dabei rechnet man für 4 bis 6 Personen einen Salzstreuer. Andere Menagen hält man für Bedarf am Servicetisch griffbereit, ebenso die Aschenbecher. Das Einstellen der Salzmenagen sollte so erfolgen, dass die Gäste das Salz problemlos, ohne aufzustehen nehmen können. Die Symmetrie der Tafel sollte gewahrt bleiben.

9 Mundservietten falten und auflegen

Die Servietten werden nun herausgehoben und einheitlich in die gewählte Form gefaltet. Dies geschieht auf dem Servicetisch oder Guéridon, damit keine Bestecke auf dem eingedeckten Tisch verschoben werden. Hygienische Gründe sprechen für einfache Formen, die nur wenige Berührungen und Faltungen erfordern. Bei besonders festlichen Anlässen wählt man trotzdem gerne ausgefallene und komplizierte Formen. Gut gestärkte und tadellos gebügelte Mundtücher sind hierfür Voraussetzung.

Das Einstellen erfolgt je nach Form:

a) auf der „Grundlinie" (z. B. Fächer, Welle),

b) auf der Diagonale zwischen den Zinkenspitzen der Tafelgabel und dem Griffende des Tafelmessers (z. B. Fächer, Schiffchen), oder

c) auf dem Mittelpunkt der freien Fläche im Couvert (z. B. Bischofsmütze, französische Lilie ...).

Auch hier ist wieder das einheitliche Gesamtbild wichtig!

10 Das Einstellen, Einstecken oder Auflegen der Menükarten

Wohin die Menükarte dieses Gedecks platziert werden soll, ist von ihrem Format und dem zur Verfügung stehenden Platz abhängig. Große Karten sind hinter den Brotteller zu stellen, wobei die Umschlagseite zum Gast hinzeigt. Nur sollte dadurch die Blumendekoration nicht verdeckt werden. Kleinere Karten werden auch in die gefaltete Serviette eingesteckt, was nur bei einigen Formen (z. B. Welle, Tafelspitz, Tüte) möglich ist. Wieder entscheidet der optische Gesamteindruck über die Verfahrensweise!

11 Stühle eindrehen und ausrichten

Da nun am Tisch vorerst keine Arbeiten mehr ausgeführt werden müssen, können die Stühle zurückgedreht werden (betrifft die Festtafel). Sie werden genau mittig vor dem Gedeck ausgerichtet und an das fallende Tischtuch geschoben, ohne dieses zu berühren.

12 Letzte Kontrolle

Die abschließende Sichtkontrolle des Tisches/der Tafel sollte in jedem Falle erfolgen. Alles muss tadellos sein! Der sorgfältig gedeckte Tisch, oder die mustergültige Festtafel, formt beim Gast den ersten positiven Eindruck. Dieser beeinflusst maßgeblich seine Einstellung bei der Bewertung unserer Dienstleistungen.

Frühstücksgedecke

1 Das kontinentale Frühstück

Die Bezeichnung stammt aus dem Englischen (continental breakfast) und umschreibt das auf dem europäischen Festland jahrzehntelang übliche und auch heute noch teilweise vorzufindende Frühstück, bestehend aus:

> 1 Portion Kaffee, Tee, oder heißer Schokolade
> Zucker, Sahne/Milch/Zitrone, zwei Konfitüren oder Honig
> Brotauswahl mit Brötchen, Butter
> (eventuell sonntags dazu ein gekochtes Ei).

In der Gastronomie erfolgt das Eindecken der Frühstückstische häufig in verschiedenen Etappen:

Der am Vorabend eingedeckte Tisch...

Erst beim Servieren des heißen Getränks wird eine vorgewärmte Tasse eingesetzt, um Aroma- und Temperaturverluste z. B. des Kaffees zu vermeiden. Das jeweilige Kännchen sollte nach dem Ausschenken auf einem Unterteller oder einem Tableaux abgestellt werden, um die Tischwäsche vor Flecken zu schützen.

… und am Morgen vor dem Service.

Das kontinentale Frühstück.

2 Das erweiterte Frühstück

Seit Mitte der sechziger Jahre hat sich bei uns das erweiterte Frühstück durchgesetzt. Zusätzlich zum kontinentalen Frühstück werden dem Gast angeboten:

    Fruchtsäfte (Orangen-, Grapefruit- oder Tomatensaft),
    Aufschnittplatten, mit Käse, Schinken und Wurst,
    Eierspeisen, Joghurts, Quark, Müslis usw.

Das Angebot ist häufig als Frühstücksbüfett aufgebaut, oder z. B. der Aufschnitt wird von Platten aus dem Arm vorgelegt, die dann eingestellt werden. Eierspeisen werden auf Bestellung in der Küche produziert, in Cocotten angerichtet und serviert.

Beim Eindecken des erweiterten Frühstücks wird zusätzlich eine Mittelgabel links aufgelegt. Um zu vermeiden, dass Wurst, Schinken oder Käse vom selben Teller gegessen werden müssen, auf dem zuvor das Brötchen mit Konfitüre belegt wurde, wird im gehobenen Service ein weiterer Mittelteller mit Mittelmesser eingesetzt:

Mise-en-place für ein erweitertes Frühstück am Vorabend.

Erweitertes Frühstück mit Orangensaft und Aufschnittplatte.

3 Das englische Frühstück und das amerikanische Frühstück

Diese sind die umfangreichsten Frühstücksformen. Das englische Frühstück wird gerne mit dem „Early morning tea" auf dem Hotelzimmer eingeleitet. Das eigentliche Frühstück wird vorzugsweise im Frühstücksraum eingenommen. Es besteht aus:

    1 Portion Kaffee (Coffee black or white, mit wenig oder viel heißer Milch), Tee (mit etwas kalter Milch, keine Zitrone!) oder heiße Schokolade, Zucker Brotauswahl mit Toast, Butter, Orangen-Bitter-Marmelade (Marmalade), Honig oder Konfitüre (Jam).

Dieses sogenannte „Short breakfast" oder „Continental breakfast" wird gerne angereichert mit folgenden Zutaten:

a) *Eierspeisen:*
Spiegeleier und Schinken (Ham and eggs),
Rühreier mit Speck (Scrambled eggs with bacon),
Pochierte Eier auf Toast (Poached eggs on toast),
Omeletts mit Schinken oder Champignons (Omelettes with ham or mushrooms),
Mixed grill (1 – 2 Spiegeleier, 1 Grilltomate, 2 Chipolatas, Speck, black pudding [gebratene Blutwurst])

und/oder

   b) *Fischgerichte:*
   Gegrillter Hering (Kipper),
   geräucherter Schellfisch (Smoked haddock)

und/oder

   c) *Getreidegericht:*
   Haferflockenbrei oder Haferschleimsuppe (Porridge) mit Milch oder Wasser, süß oder salzig gekocht.

Das englische Frühstück wird wie das erweiterte Frühstück eingedeckt. Bestellt der Gast anstatt der Eierspeisen ein Fischgericht oder Porridge, so wird Fischbesteck oder ein Mittellöffel nachgedeckt.

Englisches Frühstück mit „Kipper" und „Fried eggs and bacon".

Beim amerikanischen Frühstück werden zusätzlich angeboten:

a) *Eiswasser* (Icewater), ist normales Trinkwasser in einer Karaffe mit Eiswürfeln serviert.
b) *Fruchtsäfte* (Fruit juices):
Orangensaft (Orange juice), Pampelmusensaft (Grapefruit juice), Tomatensaft (Tomato juice), Pflaumensaft (Prune juice) usw. …
c) *Frische Früchte oder Kompotte:*
Halbe Grapefruits, Melonenschiffchen, Himbeeren mit Milch oder Sahne, Dörrpflaumen-Kompott (Stewed prunes), Pfirsich-Kompott (Peach compote)
d) *Getreideprodukte* (Cereals):
Cornflakes, Frosties, All Bran, Weetabix, Rice crispies, Oat meal, Porridge …
e) *Sonstiges:*
kleines Steak auf Toast (Steak on toast), kleine Pfannkuchen mit Ahorn-Sirup (Pancakes with maple sirop), Zimttoast (Cinnamon toast)

Amerikanisches Frühstück mit „Ice water", „Orange juice" und „Cornflakes".

4 Etagen-Frühstück

Der Aufbau eines Frühstücks auf dem Plateau (Schlitten) muss so erfolgen, dass sich der Gast mit einem Blick zurechtfinden und gleich frühstücken kann.

Frühstücksplateau mit „1 Kaffee komplett (kontinentales Frühstück)".

Befindet sich im Gästezimmer ein Tisch, an dem gefrühstückt werden kann, so dient das Plateau nur als Mise-en-place-Fläche für alle Frühstücksartikel, Porzellan, Bestecke, Wäsche usw. ...

Der Etagenkellner stellt das Plateau im Gästezimmer ab, deckt den Tisch auf und serviert zügig das Frühstück.

Häufig sind auch seitlich aufklappbare, runde Etagenwagen im Einsatz, die eingedeckt und mit allem versehen in das Gästezimmer gefahren werden und als Frühstückstisch dienen.

Frühstücksplateau für „2 Kaffee komplett (kontinentales Frühstück)".

Vom Restaurantgedeck zum Festgedeck

Festtafel

Die richtige Vorgehensweise beim Eindecken eines Tisches bzw. einer Festtafel wurde bereits in Kapitel I beschrieben, sodass wir uns im folgenden auf Menüfolgen und die dazugehörigen Abbildungen beschränken können.

3-Gang-Menü

2005 Oberrotweiler Vulkanfelsen
Spätburgunder, Kabinett
Qualitätswein mit Prädikat
Erz. Abf. Freiherr von
Gleichenstein'sches Weingut
Oberrotweil, BADEN

Gurkenrahmsuppe
mit Dillspitzen

✻✻✻

Rinderroulade
Buttergemüse
Kartoffelpüree

✻✻✻

Reis Trauttmansdorff

Suppe: Mittellöffel
Hauptgang: Tafelbesteck
Dessert: Kaffeelöffel und Kuchengabel.

Korrespondierendes Getränk: Rotweinglas

4-Gang-Menü

Aperitif:
   Harvey's Bristol Fino Sherry

   ✳✳✳

2003 Chablis Premier Cru A.C.
   Mis en bouteille par
   J. Drouhin

   ✳✳✳

2002 Châteauneuf du Pape
   »Clos des Papes«, A.C.
   Propriété Paul Avril
   à Châteauneuf du Pape

   ✳✳✳

   Kessler Hochgewächs

   ✳✳✳

Digestif:
   Grappa di Dolcetto d'Alba
   Erz.-Abf. Ceretto, Alba

Hausgebeizter Graved Lachs
Dillsenfsoße
Toast und Butter

✳✳✳

Klare Ochsenschwanzsuppe

✳✳✳

Gebratener Lammrücken Soubise
mit Zwiebelmus überbacken
Keniabohnen
Anna-Kartoffeln

✳✳✳

Vanille-Halbgefrorenes
mit heißen Himbeeren

Vorspeise: Mittelbesteck, Buttermesser
Suppe: Mittellöffel
Hauptgang: Tafelbesteck
Dessert: Mittellöffel und Mittelgabel.

Korrespondierende Getränke: Weißweinglas, Rotweinglas, Sektglas.

5-Gang-Menü

Aperitifs zur Wahl:
Don Zoilo Dry Fino Sherry
Andresen Porto, Pale Dry

✳✳✳

2005 Oberbergener Bassgeige
Müller-Thurgau, trocken
Qualitätswein b. A.
Erz.-Abf. Weingut
Franz Keller
Vogtsburg-Oberbergen
BADEN

✳✳✳

2004 Ried Steinwandl
St. Laurent, Kabinett, trocken
Qualitätswein
Erz.-Abf. Weingut
Josef Jamek
Joching, WACHAU
ÖSTERREICH

✳✳✳

Casteller Herrenberg
Flaschengärung, herb
Fürstl. Castell'sches
Domänenamt, Castell
FRANKEN

✳✳✳

Digestif:
Cognac »Grande Fine
Champagne« Réserve
Pierre Seguinot & Fils, Cognac

Kalbsbriesterrine im Salatbett
mit frischen Kräutern
Toast und Butter

✳✳✳

Rinderkraftbrühe
mit Safran gewürzt
Tomatenwürfel und Eierstich

✳✳✳

Renkenfilet in Weißweinsoße
Kreolenreis

✳✳✳

Medaillons vom Hirschkalbsrücken
Wildpfefferrahmsoße
Römische Pastetchen
gefüllt mit Sauerkirschen
winterliches Gemüse
(glasierte Maronen, Rosenkohl)
Kartoffelstrauben

✳✳✳

Blutorangen-Halbgefrorenes
Mandelsoße

✳✳✳

Mokka

Vorspeise: Mittelbesteck, Buttermesser
Suppe: Mittellöffel
Fischgang: Fischbesteck
Hauptgang: Tafelbesteck
Dessert: Mittelgabel und Mittellöffel (Entremet-Besteck).

Korrespondierende Getränke: Weißweinglas, Rotweinglas, Sektglas.

6-Gang-Menü

JAGDESSEN

Aperitif:
  Cynar (Artischockenbitter)
  mit Soda oder Orangensaft

✽✽✽

2005 Bourgogne rosé de
  Marsannay A. C.
  Mis en bouteille par
  J. Drouhin

Hasenpastete mit Morcheln
Cumberland-Soße

✽✽✽

Fasanenkraftbrühe mit Klößchen

✽✽✽

Wildtaubenbrust, warm
mit frischem Trüffel
auf Eichblattsalat

✽✽✽

✽✽✽

Waldhimbeeren-Sorbet

✽✽✽

2004 Dernauer Pfarrwingert
  Spätburgunder, Kabinett
  Qualitätswein mit Prädikat
  Erz.-Abf. Weinkellerei
  Baron von Kaulbars, AHR

Gebratene Rehmedaillons
Hagebutten-Schaumsoße
Rosenkohl, Maronen, Steinpilze
Spätzle vom Brett

✽✽✽

✽✽✽

Geldermann Sekt
Carte Noire, halbtrocken
Flaschengärung

Tannenhonig-Halbgefrorenes
Feingebäck

✽✽✽

✽✽✽

Digestif:
1984 Armagnac Ténarèze
  Domaine de Sans Cazeneuve

Mokka

Vorspeise: Mittelmesser, Mittelgabel
Suppe: Mittellöffel
Zwischengericht: Mittelmesser, Mittelgabel
Sorbet: Kaffeelöffel (wird mit dem Sorbet eingesetzt)
Hauptgang: Tafelmesser, Tafelgabel
Dessert: Mittelgabel, Mittellöffel (Entremet-Besteck).

Korrespondierende Getränke: Weißweinglas, Rotweinglas, Sektglas.

7-Gang-Menü

WEIHNACHTSMENÜ

Aperitif:
  Sherry Manzanilla »La Guita«
  Domingo Pérez Marin
  Sanlúcar de Barrameda

   ✻✻✻

2005 Scharzhofberger Riesling
  Qualitätswein b. A.
  Erz.-Abf. Weingut
  Egon Müller, Wiltingen
  MOSEL–SAAR–RUWER

   ✻✻✻

2004 Waldulmer Pfarrberg
  Portugieser, Weißherbst
  Kabinett
  Qualitätswein mit Prädikat
  Erz.-Abf. Winzergen. Waldulm
  BADEN

   ✻✻✻

2003 Schwaigerner Ruthe
  Lemberger, Spätlese
  Qualitätswein mit Prädikat
  Erz.-Abf. Weingut/Schloß
  Graf v. Neipperg, Schwaigern
  WÜRTTEMBERG

   ✻✻✻

1998 Veuve Clicquot-Ponsardin
  Cuvée »La Grande Dame«
  Reims, Champagne

   ✻✻✻

Digestif:
  Eau-de-vie de Poire Williams
  Sélection S. Fassbind A.G.
  Oberarth, Schweiz

Terrine von Atlantik-Hummer
Toast und Butter

   ✻✻✻

Getrüffelte Rinderessenz

   ✻✻✻

Rebhuhnbrüstchen
im Weinblatt gegart
Portweinbutter

   ✻✻✻

Granatapfelsorbet

   ✻✻✻

Medaillons vom Kalb
im Wirsingmantel
Morchelrahmsoße
gefüllte Tomate mit Brokkoli
Herzoginkartoffeln

   ✻✻✻

Vacherin Mont d'Or mit Trauben

   ✻✻✻

Gefüllte Birne im Strudelteig
auf Williams-Sabayon

   ✻✻✻

Espresso

Vorspeise: **Fischmesser, Fischgabel, Buttermesser**
Suppe: **Kaffeelöffel (wird meist angelegt)**
warmes Zwischengericht: **Mittelmesser, Mittelgabel**
Sorbet: **Kaffeelöffel (wird mit dem Sorbet eingesetzt)**
Hauptgang: **Tafelmesser, Tafelgabel**
Käsegang: **Mittelmesser, Mittelgabel (wird nach dem Hauptgang nachgedeckt)**
Dessert: **Mittelgabel und Mittellöffel (Entremet-Besteck).**

Korrespondierende Getränke: Weißweinglas, Weißweinglas, Rotweinglas, Sektglas oder Champagnerglas.

Einsatz von Spezialbestecken

Aal

Produktinformation:

Der Aal (l'anguille) ist ein schlangenförmiger Fisch, der im Atlantik (Sargassomeer) laicht. Die Aal-Larven werden vom Golfstrom an die europäischen Küsten gebracht, von wo aus sie ins Süßwasser wechseln und flußaufwärts schwimmen. Ausgewachsen kann der Aal eine Länge bis zu 1,50 m erreichen.

Zubereitung und Anrichteweise:

Aal kann gekocht, geräuchert und für Suppen verwendet werden. Ein gut geräucherter Aal ist eine saftige Köstlichkeit, von teils butterweicher Konsistenz. Dafür werden Aale ausgenommen, in Lake gelegt, dann trocken eingesalzen. Schließlich werden sie gewaschen, gebrüht und zum Räuchern aufgehängt.

Räucheraal (l'anguille fumée) wird zimmerwarm in Stücken auf einer Glasplatte mit Manschette und Silberplatte angerichtet. Da das köstliche Aalfett unmittelbar unter der Haut sitzt, ist es besser, die Haut nach dem Entfernen der Rückenflossen an der Bauch- und Rückennaht nur einzuschneiden.

Aal kann aber auch zu einer Galantine verarbeitet werden. Dazu wird der frische Aal so entgrätet, daß sein Fleisch mit der Haut an einem Stück zusammenbleibt. Eine Farce wird aufgetragen und eingerollt. Nach dem Vernähen der Enden wird die Galantine in ein Serviette gebunden und im entsprechenden Fond gegart. Sie soll im Fond erkalten.

Angerichtet wird die Aalgalantine auf einer Glasplatte mit Manschette und Silberplatte, oder auf einem kalten Speiseteller.

Räucheraal und Aalgalantine werden als Vorspeise serviert. Dazu Toast oder Graubrot und Butter reichen, zu Räucheraal auch Sahnemeerrettich.

Verzehr von Räucheraal/Aalgalantine:

Räucheraal hat im Gegensatz zur geräucherten Forelle eine festere Substanz. Deshalb wird er mit Mittelmesser und Mittelgabel gegessen. Zitrone zum Beträufeln und Pfeffer aus der Mühle sollten dem Gast angeboten werden. Aalgalantine hingegen isst man mit Fischbesteck. Sie muss wegen ihrer weichen Konsistenz nicht geschnitten werden.

Getränkevorschlag:

Da dieser Fisch sehr fett ist und Fett ein Feind des Weines darstellt, wird gerne ein Steinhäger oder Aquavit zu Räucheraal getrunken. Als Weinvorschlag würde sich nur ein sehr säuerlicher, starker, trockener Weißwein eignen, z. B. von der Mosel, oder aus Franken, ebenso Sherry Fino oder Bourgogne Aligoté.

Gedeck für Räucheraal: **Kalter Speiseteller, Mittelgabel und -messer, Brotteller mit Buttermesser, Platte mit Räucheraal und Vorleger.**

Gedeck für Aalgalantine: **Speiseteller, Fischbesteck, Brotteller mit Buttermesser.**

Artischocke

Produktinformation:

Die Artischocke (l'artichaut) ist ein der Distel ähnliches Edelgemüse, das vor allem im Mittelmeerraum und in der Bretagne angebaut wird. Die Artischocke ist sehr vitaminreich, wirkt appetitanregend und fördert den Gallenfluss. Essbar sind ihre Schuppenblätter und der Blütenboden. Eine Delikatesse sind die kleinen Knospen der jungen Artischocken, die sogenannten Artischockenherzen.

Anrichteweise:

Artischocken kochen und als kalte oder warme Vorspeise anbieten. Pro Person wird meist eine Artischocke serviert, die entweder direkt auf einem Speiseteller, oder auf einer Glasplatte mit Unterplatte und Manschette (Spitzenpapier) angerichtet werden kann. Wird auf Glasplatte angerichtet, so muss ein Speiseteller und Vorlegebesteck vorbereitet werden.

Zutaten:

Zu kalten Artischocken: Essig-Öl-Kräutersoße (Sauce vinaigrette).
Zu warmen Artischocken: Holländische Soße (Sauce hollandaise) oder Schaumsoße (Sauce mousseline).
Die entsprechenden Soßen werden separat (à part) in Saucièren mit Soßenschöpfer oder großem Löffel serviert.

Verzehr von Artischocken:

Die Artischocken werden weitgehend mit den Fingern gegessen. Zuerst etwas Soße auf den Teller nehmen. Mit der linken Hand die Artischocke halten, mit der rechten die Blätter herausziehen. Die Blätter mit ihrem gelblichen unteren Teil in die Soße eintauchen und zum Munde führen. Die Blätter durch die Zähne ziehen und dabei aussaugen. Die sich hierbei lösenden Weichteile der Blätter werden gegessen, die ungenießbaren Blattreste auf dem Ablageteller abgelegt. Nach dem Genuß der Blattenden die Finger in der Fingerschale reinigen und mit der dazugehörigen Stoffserviette abtrocknen. Den Artischockenboden nun mit dem Mittelbesteck essen.

Gedeck für Artischocke:

Speiseteller, Mittelmesser und Mittelgabel, Brotteller mit Buttermesser links, Ablageteller links, Fingerschale, Saucière.

Getränkevorschlag:

Zu Artischocken korrespondieren leichte, halbtrockene Weißweine, wie z. B. ein Riesling von Mosel-Saar-Ruwer, ein Müller-Thurgau aus Franken oder ein Mâcon Blanc aus Burgund.

Aubergine

Produktinformation:

Die Aubergine (l'aubergine) ist auch unter der Bezeichnung Eierfrucht bekannt. Die Urheimat dieser großen, glänzenden Frucht ist wahrscheinlich Indien. Sie ist die Frucht einer Pflanze aus der Gattung der Nachtschattengewächse, die in tropischen und subtropischen Ländern wächst. Eierfrüchte haben verschiedene Formen und können tiefviolett bis weiß sein. Die violette Art ist am verbreitetsten. Roh ist die Frucht nicht genießbar. Auberginen gibt es ganzjährig frisch zu kaufen.

Zubereitung und Anrichteweise:

Auberginen werden als Gemüse verwendet. Sie können gebraten, gekocht, gebacken oder gefüllt zubereitet werden. In servierkundlicher Hinsicht bemerkenswert ist die gefüllte Aubergine. Die vorsichtig gebackene, oder gedünstete, ausgehöhlte Fruchthälfte kann mit verschiedenen Salaten, Fleisch-, Reis- oder Pilzfüllungen angerichtet werden, wobei man auch das gehackte Fruchtfleisch verwendet. Häufig werden sie auch mit Käse bestreut und überbacken. Hauptsächlich werden die gefüllten Auberginen als warmes Zwischengericht angeboten. Angerichtet werden sie in ovalen Cocotten.

Verzehr von Auberginen:

Gebackene, sautierte oder gedünstete Auberginen mit Mittelmesser und Mittelgabel, gefüllte Auberginen mit Mittellöffel und Mittelgabel essen. Mit dem Mittellöffel das weichgedünstete Fruchtfleisch aus der ungenießbaren Schale schaben. Dabei die Aubergine mit der Gabel halten.

Getränkevorschlag:

Roséwein, z. B. Kaiserstühler Weißherbst aus Baden oder leichte Rotweine, z. B. Trollinger aus Württemberg, Portugieser aus Pfalz oder Baden, Beaujolais, Tavel Rosé aus Côtes-du-Rhône.

Gedeck für gefüllte Aubergine:

Heißer Speiseteller, Mittellöffel, Mittelgabel, Brotteller mit Buttermesser, Brotkorb.

Austern

Produktinformation:

Austern (les huîtres) sind Schaltiere, die an den Küsten Europas und Amerikas in Austernfarmen gezüchtet werden. Sie werden meistens im Alter von vier bis sechs Jahren geerntet und verzehrt. Das Fleisch der Auster ist silbergrau, manchmal von grünlicher Farbe, leicht verdaulich und ein wertvolles Nahrungsmittel. Austern-Saison ist in den Monaten mit „r", also von September bis April. Sie müssen lebendfrisch gegessen werden, um Austernvergiftungen zu vermeiden. Bei Austern, die sich leicht öffnen lassen oder die bereits halboffen im Korb geliefert werden, ist höchste Vorsicht geboten!

Bekannte Handelssorten:

Aus Deutschland: Sylter Royal
Aus Dänemark/Norwegen: Limfjords
Aus England: Natives, Colchesters, Whitstables
Aus Frankreich: Bélons, Marennes, Portugaises, Arcachons
Aus Holland: Imperiales
Aus USA: Blue points

Anrichteweise:

Pro Person werden meist ein halbes Dutzend oder ein ganzes Dutzend Austern serviert. Austern natur auf einem speziellen Austernteller, oder einer Austernplatte auf gestoßenem Eis anrichten. Als Garnitur Seetang und Zitronenhälften auflegen. Als Beilage Chestertartines, Pumpernickel, Vollkornbrotecken, Toast oder Welsh rarebits (Käsegericht auf Toast) servieren.

Menagen:

Salz, Pfeffermühle für Europäer, manche amerikanische Gäste verlangen auch Tabasco und Tomaten-Ketchup.

Verzehr von Austern:

Auster mit der linken Hand nehmen, das Fleisch mit Hilfe der Austerngabel von seiner Schale lösen, mit Zitronensaft beträufeln und die Schale zum Mund führen, Auster mit ihrem salzigen Wasser schlürfen. Manche Gäste essen nur das Fleisch und führen es mit der Austerngabel zum Munde. Da die Austernschalen immer berührt werden, ist gegen Ende dieses Essens links oberhalb des Brottellers eine Fingerschale einzudecken.

Gedeck für Austern:

Kalter Speiseteller, Austerngabel rechts im 45°-Winkel einsetzen, Brotteller mit Buttermesser links, Menagen, Fingerschale.

Getränkevorschläge:

Zu Austern trockene Weißweine, wie z. B. Chablis, Entre-Deux-Mers, Muscadet, Pouilly Fuissé, Soave bzw. trockener Sekt oder Champagner servieren.

Hinweis:

Austern können auch pochiert, gratiniert, gebacken, gegrillt, gebraten, in Backteig oder Blätterteig, geräuchert, in verschiedenen Soßen, am Spieß oder als Ragout zubereitet werden. In diesen Fällen ist ein Fischbesteck einzudecken.

Blätterteig-Pastetchen

Produktinformation:

Blätterteig (la pâte feuilletée) ist ein sehr fettreicher, zuckerfreier Teig, der beim Backen blättrig wird, was sein typisches Kennzeichen ist. Voraussetzungen für eine erfolgreiche Blätterteigherstellung sind ein feines, kleberreiches Weizenmehl (Type 405), sowie frische, gute, nicht zu wasserreiche, ungesalzene, kalte Butter oder Ziehmargarine. Andere Fette sind ungeeignet. Buttermenge und Mehlmenge sind gleich hoch. Blätterteiggebäck kann sehr abwechslungsreich verwendet werden, sei es in Form von gefülltem Gebäck, wie z. B. Würstchen im Schlafrock, oder für Pastetchen mit feiner Fleischragout-Füllung, aber auch als Blätterteig-Halbmonde (les fleurons) sowie zum Backen von Rinderfilet im Blätterteigmantel.

Zubereitung und Anrichteweise:

Gebackene Blätterteigpastetchen mit einem feinen Ragout (le ragoût fin) füllen und entweder auf einem heißen Speiseteller, oder in einer Cocotte auf Silberplatte anrichten. Sehr bekannt sind sie als Pastetchen nach Königinart. Zitronenklips und Worcestershire-Soße sollten dazu angeboten werden.

Verzehr von Pastetchen:

Pastetchen werden meist als warmes Zwischengericht serviert. Pro Person ein bis zwei Pastetchen vorlegen. Die Füllung mit Zitronensaft und Worcestershire-Soße beträufeln. Pasteten mit Mittelbesteck essen.

Getränkevorschlag:

Besteht die Füllung des Pastetchens aus einem Kalbfleisch- oder Geflügel- Ragout, trockene bis halbtrockene Weißweine, z. B. Müller-Thurgau aus Franken, servieren.
Besteht die Füllung aus Geflügelleber-Ragout, so paßt dazu besser ein Weißherbst, oder ein leichter Rotwein.

Gedeck für Pastetchen nach Königinart:

Warmer Speiseteller, Mittelmesser und Mittelgabel, Brotteller mit Buttermesser, Zitrone, Worcestershire-Soße.

Die Bouillabaisse

Produktinformation:

Viel Widersprüchliches ist über dieses Marseiller Fischgericht geschrieben worden, das keine Fischsuppe darstellen soll. Trotz zahlreicher „Originalrezepte" sind folgende Punkte unumstritten:
- Nur wirklich fangfrische Mittelmeerfische dürfen verwendet werden, ebenso Schal- und Krustentiere!
- Der Seeteufel (la rascasse) ist obligatorisch, ansonsten können folgende Fische verarbeitet werden: St. Petersfisch (Saint-Pierre), Rotbarbe (le rouget), Meeraal (le congre), Weißling (le merlan), Seeteufel (la baudroie) sowie Wolfsbarsch (le loup de mer), Zwergpetermännchen (la vive), Meerbarsch (la perche de mer) und Goldbrasse (la daurade).
- Alle Fische mit Kopf servieren. Languste halbieren und in ihrer Kruste servieren. Muscheln in ihrer Schale reichen.
- Zutaten in einem Sud aus Wasser, Olivenöl und Gewürzen (Salz, Pfeffer, Safran, Fenchelkraut, Knoblauch, Lorbeer) kochen. Fische und Krusten- bzw. Schaltiere auf einer Platte anrichten. Die passierte Fischbrühe in einer Suppenterrine servieren.
- Angetoastete Stangenweißbrot-Scheiben, die mit Knoblauch abgerieben wurden, als Beilage servieren.

Fernab von den Stränden des Mittelmeers werden häufig Fischsuppen als Bouillabaisse angeboten, die jedoch wenig mit diesem Fischgericht gemeinsam haben.

Hinweis:

Bei der Vorstellung des Gedeckes für Bouillabaisse gehen wir von der bei uns in Deutschland üblichen Angebotsform, der Bouillabaisse als Fischsuppe in der Terrine, aus.

Verzehr von Bouillabaisse:

Die mit Knoblauch abgeriebenen Weißbrotscheiben in den Suppenteller legen und mit der Fischbrühe und Fischstücken übergießen. Größere Fischstücke mit Hilfe des Fischbestecks zerkleinern, mit dem Tafellöffel und etwas Brühe zum Munde führen. Krustentiere und Schaltiere können mit den Fingern aufgebrochen und ausgesaugt werden. Gräten, Krusten und Schalen auf dem Ablageteller ablegen. Im Anschluß die Finger in der eingesetzten Fingerschale reinigen.

Gedeck für Bouillabaisse:

Heißer Suppenteller auf Speiseteller, Fischbesteck, Tafellöffel, Brotteller mit Buttermesser, Brotkorb mit Knoblauch-Weißbrot, Terrine mit Suppenschöpflöffel, Ablageteller, Fingerschale, Menagen.

Getränkevorschlag:

Zur Bouillabaisse empfehlen sich sehr trockene Weißweine, wie z. B. Côtes de Provence oder Languedoc, Chablis, Riesling d'Alsace, Meursault oder Pouilly-Fumé von der Loire.

Cocktails als Vorspeise

Produktinformation:

Cocktails als Vorspeise entstammen der amerikanischen Küche und erfreuen sich auch bei uns großer Beliebtheit. Wegen der kleinen Portionsgrößen und des feinen Geschmacks, bieten sich relativ teure Rohstoffe an, wie Kaviar, Hummer, Languste, Krebsschwänze. Preisgünstiger sind Cocktails von Avocados, Geflügel oder Melonen.

Gedeck für Vorspeisen-Cocktails:

Melonencocktail: Mittelteller mit Papiermanschette und Cocktailglas, Kaffeelöffel rechts und Mittelgabel links angelegt, Brotteller und Buttermesser, Brotkorb mit Weißbrot oder Toast.

Zubereitung und Anrichteweise:

Für Vorspeisen dieser Art die verschiedenen Nahrungsmittel würfelig schneiden und mit würzenden Zutaten abschmecken. In die Cocktailschalen kommt häufig als Unterlage eine Salat-Chiffonade (in Streifen geschnittenes Salatblatt), darauf dann die anderen Zutaten, die oft mit einer entsprechenden Soße nappiert werden. Ausgehöhlte Fruchtteile eignen sich auch als Behältnis. Beim Anrichten ist ein Überladen zu vermeiden. Zum Garnieren eignen sich ausgesuchte Stücke der im Cocktail enthaltenen Rohstoffe. Frische, farbintensive Garniermittel wie Petersilie, Dill, Tomatenstückchen oder Zitronenecken schaffen einen zusätzlichen Blickfang. Als Beigabe Toast oder Weißbrot und Butter reichen. Cocktails können auch am Tisch des Gastes hergestellt werden.

Hummercocktail:

Hinweis:

Wenn Fisch, Schalen- oder Krustentiere Bestandteil sind, ist ein Kaffeelöffel und eine Fischgabel anzulegen, andernfalls Kaffeelöffel und Mittelgabel!

Eintopfgerichte

Produktinformation:
Eintöpfe können sehr abwechslungsreich und schmackhaft gekocht werden. Sie können mit Fleisch, Wurst oder Fisch hergestellt werden. Hauptzutaten sind in der Regel verschiedene Gemüse, Kartoffeln, Reis, Teigwaren oder Hülsenfrüchte. In der Gastronomie findet man mehrere Beispiele von Eintopfgerichten auf den Speisekarten: Pichelsteiner, Irish Stew, Hühnersuppentopf, Petite marmite oder Pot au feu.

Zubereitung und Anrichteweise:
Bestimmte Suppen, die relativ große Fleischstücke enthalten, wie z. B. die oben aufgezählten, werden nicht in Suppentassen angerichtet, sondern kommen in der Terrine mit einem Suppenschöpflöffel zum Tisch des Gastes.

Gedeck für Eintöpfe:

Heißer Suppenteller auf Speiseteller, Tafelbesteck, Tafellöffel, Brotteller, Brotkorb, Menagen, Terrine mit Louche und event. einen Ablageteller für Knochenstücke.

Getränkevorschlag: Am besten Bier, zu Irish Stew ein leichter Rotwein.

Feines Ragout

Produktinformation:

Feine Ragouts (le ragoût fin) sind warme Gerichte von kleinen, gegarten Fleisch-, Geflügel-, Wild- oder Fischstückchen, eventuell mit Pilzen und anderen Zutaten in pikanter Soße.

Zubereitung und Anrichteweise:

Feines Ragout im Näpfchen (kleine, runde Cocotte), oder in einer Herzmuschelschale anrichten. Mit geriebenem Käse bestreuen und gratinieren. Zitrone und Worcestershire-Soße immer mitservieren.

Gedeck für Feines Ragout:

Mittelteller mit Papiermanschette und Näpfchen mit Ragout, Kaffeelöffel rechts, Mittelgabel links angelegt, Brotteller mit Buttermesser, Worcestershire-Soße, Zitrone.

Getränkevorschlag:

Zu Feinem Ragout paßt ein leichter, halbtrockener Weißwein, z. B. Silvaner von der Nahe oder aus Franken.

Fondue-Gerichte

Produktinformation:

Ein sehr populäres Essen für gemütliche Abende im Freundes- oder Familienkreis ist das Fondue. Diese Spezialität hat ihren Ursprung im Schweizer Käsefondue. Nach den verwendeten Grundmaterialien unterscheidet man zwischen Käsefondue, Fondue aus Fleisch, Fischen und Krustentieren und dem Schokoladenfondue.

Arten und Zubereitung von Fondues:

Käsefondue auf Neuenburger Art
(LA FONDUE NEUCHÂTELOISE)

Eine feuerfeste Fonduepfanne (le caquelon) mit einer Knoblauchzehe ausreiben, geraspelten Emmentaler und Gruyère oder Appenzeller hineingeben (pro Person 150 bis 200 g) und den Käse auf kleiner Flamme langsam zergehen lassen. Unter ständigem Rühren mit einem Holzlöffel nach und nach trockenen Weißwein zugeben, am besten Neuchâteller (pro Person etwa 1/8 l). Wenn die Masse sämig ist, wird sie mit Salz, Pfeffer und Mußkatnuß gewürzt. Zum Schluß wird mit etwas angerührter Kartoffelstärke abgebunden. Unmittelbar vor dem Verzehr noch Kirschwasser (pro Person ca 2 cl) in das Käsefondue geben. Dazu Weißbrotwürfel reichen.

Fondue auf Burgunder Art
(LA FONDUE BOURGUIGNONNE)

Das Fondue bourguignonne müßte eigentlich „Friture à la bourguignonne" heißen, denn das Fleisch wird im heißen Fettbad gegart und nicht geschmolzen. Der Kessel einer Fonduegarnitur wird zur Hälfte mit Öl oder Kokosfett gefüllt und erhitzt. Eine geschälte Kartoffel kann dazugegeben werden, um zu verhindern, daß das Öl zu spritzen beginnt. Das siedendheiße Öl wird am Tisch des Gastes, mit Hilfe eines eingestellten Tischrechauds heiß gehalten. Als Fleisch sollte ausschließlich würfelig geschnittenes Rinderfilet verwendet werden. Dazu verschiedene Soßen, wie z. B. Tatarensoße, Remouladensoße, Senfrahm und Tomaten-Ketchup reichen. Als Beilagen eingelegtes Gemüse, wie Essiggurken, Perlzwiebeln, geviertelte Artischockenböden, Mixed Pickles, Piccalilli, Maiskölbchen oder Champignons reichen. Weißbrot oder Toast werden ebenfalls eingestellt.

Chinesisches Fondue
(LA FONDUE À LA CHINOISE)

Es ist im eigentlichen Sinne kein Fondue, denn hierbei werden die Fleischstücke in einer Brühe (bouillon) gegart. Deshalb wird dieses Gericht auch als „Bouilli à la chinoise" bezeichnet. Man verwendet eine schwach gewürzte Brühe oder Hühnersuppe, die nach dem Garen des Fleisches auch verzehrt wird. Das Fleisch ist meistens ein in dünne Streifen geschnittenes Schweinefilet. Dazu werden verschiedene Soßen und Weißbrot, sowie kernig gedünstetes Gemüse, wie Karotten, Sellerie oder Erbsen gereicht.

Hinweis:

Das Wort „Fondue" bedeutet „geschmolzen". In diesem Sinne ist eigentlich nur das Käsefondue ein echtes Fondue!
Fondues sind rustikale Essen, dementsprechend sind auch die Gedecke. Rustikale und leicht waschbare Tischdecken oder Sets aufdecken, denen etwaige Spritzer oder Tropfen wenig anhaben können. Wegen des großen Platzbedarfs auf dem Tisch kann bei diesem Essen auf den Blumenschmuck verzichtet werden.

Gedeck für Käsefondue: Vorgewärmter Fondueteller, Tafelmesser und Tafelgabel, Käsefonduegabel, Fonduerechaud in der Mitte des Tisches, Brotkorb mit würfelig geschnittenem Weißbrot.

Gedeck für Fleischfondue: Vorgewärmter Fondueteller, Tafelmesser und Tafelgabel, 2 Fleischfonduegabeln (rechts und links je eine), Fonduerechaud in der Mitte des Tisches, Platte mit Fleischwürfeln, Schalen mit Essiggemüse und Soßen, Brotkorb, Menagen, Brotteller mit Buttermesser.

Verzehr von Fondues:

Zuerst etwas von den angebotenen Soßen und Beilagen auf den Fondueteller vorlegen. Das Brot kommt auf den Brotteller. Anschließend etwas Fleisch oder Brot auf die Fonduegabel spießen und in das Fondue tauchen, bzw. im heißen Öl oder in der Brühe garen. Zum Verzehr die Würfel auf den Fondueteller legen und mit dem Tafelbesteck essen. In der Zwischenzeit wird schon der nächste Würfel gegart. Da dieser Garvorgang beim Fleischfondue länger dauern kann, zwei Fonduegabeln eindecken. Dem Gast ist somit Gelegenheit gegeben, sich um ständigen Fleischnachschub kümmern zu können.

Getränkevorschlag:

Zum Käsefondue passt am besten ein trockener Weißwein, z. B. Walliser Fendant, Waadtländer, Neuenburger oder Grüner Veltliner aus der Schweiz. Man sollte den Weißwein trinken, der auch zum Kochen verwendet wurde. Zur besseren Verdauung auch reichlich Kirschwasser servieren. Zum Fondue bourguignonne Rotwein, wie z. B. einen Dôle aus dem Wallis, oder einen Spätburgunder von der Ahr oder aus der Pfalz servieren. Zum Fondue chinoise schmecken halbtrockene bis trockene Weißweine von der Mosel–Saar–Ruwer, aus dem Rheingau und aus Franken.

Forellenfilet

Produktinformation:

Die Forelle (la truite) gehört zur Gruppe der Salmoniden, wie die lachsartigen Fische bezeichnet werden. Als gemeinsames Erkennungszeichen haben diese die sogenannte Fettflosse, die zwischen der Rücken- und Schwanzflosse liegt. Von der aus Europa stammenden Forelle gibt es viele Unterarten. Am bekanntesten ist die Regenbogenforelle und die Bachforelle. Die Regenbogenforelle wächst schneller und wird deshalb vorrangig gezüchtet. Die Bachforelle ist seltener, wohlschmeckender und teurer. Die Farbe des Fleisches kann weiß bis rosarot sein, das hängt hauptsächlich von der Ernährung der Fische ab.

Gedeck für geräuchertes Forellenfilet:

Kalter Speiseteller, Fischbesteck, Brotteller mit Buttermesser, Menagen.

Hinweis:

Bei „Forellenfilet *auf* Toast" wird Mittelbesteck eingedeckt, da man mit dem Fischmesser nicht schneiden kann!

Zubereitung und Anrichteweise:

Sowohl die Regenbogen-, als auch die Bachforelle eignet sich zum Räuchern. Sie wird ausgenommen, im Ganzen in Lake eingelegt und dann heiß geräuchert. Heißräuchern bei 120° C, das den Fisch gleichzeitig gart. Der Rauch in den Räucherkammern wird mit Sägemehl aromatischer Hölzer erzeugt. Nach dem Räuchern wird die Forelle filetiert, auf einer Glasplatte oder einem kalten Speiseteller angerichtet und garniert. Dazu reicht man Sahnemeerrettich, Toast und Butter, Zitrone und Pfeffermühle.

Verzehr von Forellenfilet:

Das geräucherte Forellenfilet wird mit Fischbesteck gegessen. Das Fleisch fällt leicht auseinander und muss nicht geschnitten werden. Die Filets mit Zitronensaft beträufeln und mit Pfeffer würzen. Dazu Toast und Butter sowie Sahnemeerrettich oder ähnliches essen.

Getränkevorschlag:

Zu geräuchertem Forellenfilet empfehlen sich trockene und halbtrockene, gehaltvolle Weißweine, z. B. aus Franken, Rheingau, Pfalz oder von der Mosel–Saar–Ruwer. Ebenso eignen sich Sancerre und Pouilly Fumé von der Loire, oder kalifornischer Fumé blanc.

Froschschenkel

Produktinformation:

In vielen Ländern gibt es Zuchten, die diese Delikatesse liefern. Bei uns werden hauptsächlich die chinesischen Wasserfrösche verwendet. Sie werden vor allem wegen ihrer zarten Konsistenz geschätzt und schmecken manchmal nach Hühnerfleisch. In Französisch heißen sie: Les cuisses de grenouilles.

Zubereitung und Anrichteweise:

Froschschenkel sind hauptsächlich tiefgefroren, in Dosen konserviert, manchmal aber auch frisch erhältlich. Ihr delikater Geschmack und ihr zartes Fleisch eignen sich für vielerlei Rezepte. Sie können gebraten, gebacken, gedünstet, oder gegrillt werden.

Gebackene Froschschenkel auf einer Platte mit Papiermanschette anrichten, gebratene Froschschenkel kommen in einer Cocotte oder Casserole auf Silberplatte mit Papiermanschette zum Gast. Am häufigsten werden Froschschenkel Orly, in Bierteig gebacken mit Tomatensoße, oder Froschschenkel à la provençale, in Öl sautiert, mit gehackten Kräutern, angeboten und als warmes Zwischengericht bestellt.

Verzehr von Froschschenkeln:

Die Froschschenkel werden auf warme Speiseteller vorgelegt. Eine Portion besteht aus 6 bis 8 Stück Keulenpaaren. Im allgemeinen werden die Froschschenkel mit dem Mittelbesteck gegessen. Gebackene Froschschenkel mit der Hand zum Munde führen und essen. Die Knochenreste kommen auf den Ablageteller. Die Finger werden in der bereitgestellten Fingerschale gereinigt.

Gedeck für Froschschenkel:

Warmer Speiseteller, Mittelmesser, Mittelgabel, Brotteller mit Buttermesser, Ablageteller, Fingerschale, Saucière.

Getränkevorschlag:

Zu Froschschenkeln leichte, trockene Weißweine, zu Froschschenkeln auf provenzalische Art Rosé de Provence oder Weißherbst servieren.

Gänseleber in der Terrine

Produktinformation:

Die getrüffelte Gänseleber in der Terrine (le pâté de foie gras en terrine) und die getrüffelte Gänseleberpastete (le pâté de foie gras en croûte) gehören zu den feinsten Gaumengenüssen aus dem Bereich der Vorspeisen. Es werden hierfür die Lebern von Stopfgänsen verarbeitet. Das sind Gänse, die in Einzelkäfigen auf engstem Raum gehalten werden und mehrmals täglich fett- und kohlenhydratreich gefüttert (gestopft) werden. Die Folge davon ist eine sehr fette, krankhaft vergrößerte Leber, die bis zu einem Kilogramm schwer werden kann. Die Zentren der Gänseleberproduktion liegen in Frankreich, vor allem im Elsass.

Anrichteweise:

Die Gänselebern werden entweder selbst weiterverarbeitet und verfeinert, wie es in vielen Luxusbetrieben der Fall ist, oder sie werden fertig in Terrinen gekauft. Gänseleberterrinen gibt es in kleinen runden Porzellangefäßen (Terrinen) für eine oder zwei Personen, oder in der Blockform. Daraus können Scheiben geschnitten werden, oder taubeneigroße Mengen mit einem Löffel ausgestochen werden. Die runde Terrine wird auf gestoßenem Eis in einer Glasschüssel angerichtet. Als Beilagen zur Gänseleberterrine Weißbrot, Toast oder Brioche mit Butter reichen.

Verzehr von Gänseleber in der Terrine:

Mit den beiden Kaffeelöffeln aus einem Kännchen mit heißem Wasser, etwa taubeneigroße Portionen auf einen kalten Speiseteller vorlegen. Die Löffel kommen zurück ins heiße Wasser und werden für den Nachservice bereitgehalten. Ein kalter Löffel würde beim Ausstechen sehr schmieren, da die Leber sehr fett ist. Die Gänseleber wird dann mit Hilfe des Mittelbestecks verzehrt, oder zusammen mit dem gebutterten Toast, dem Weißbrot, oder der Brioche gegessen.

Getränkevorschlag:

Zur getrüffelten Gänseleber in der Terrine würzigen Weißwein, wie z. B. Gewürztraminer aus dem Elsaß, oder auch süßen Weißwein, wie den bordelaiser Sauternes servieren.

Gedeck für Gänseleber in der Terrine:

Kalter Speiseteller, Mittelmesser und Mittelgabel, Brotteller mit Buttermesser links, Gänseleberterrine auf Eis, Kännchen mit heißem Wasser und zwei Kaffeelöffeln.

Hummer und Languste

Produktinformation:

Der Hummer ist ein Krustentier mit stark ausgebildeten Scheren, glattem Rückenpanzer und einem langen, hammerförmig breit endenden Schwanz. Seine natürliche Tarnfarbe geht von graubraunen bis blauschwarzen Tönen. Er erreicht eine Länge von ca. 60 cm und ein Gewicht von bis zu 2,5 kg. Sein Alter kann bis zu 80 Jahre betragen. Am schmackhaftesten ist er im Alter von 20 bis 25 Jahren, bei einem Gewicht von 500 g bis 1000 g und einer Länge von gut 30 cm.

Die Hauptfanggebiete liegen an den felsigen Küsten Norwegens, Dänemarks, Schottlands, der USA und Kanadas. Etwa 50% des Bedarfs an Hummern in Europa werden aus Nordamerika importiert. Um den steigenden Bedarf an Hummern zu decken, werden zunehmend Hummer in speziellen Anlagen gezüchtet. Hummer kommt frisch, gefroren oder als Konserve auf den Markt. Bis zu 7 Tage können Hummer ohne Salzwasser überleben, wenn sie kühl und in feuchter Holzwolle gehalten werden. In Deutschland ist es verboten, Hummer oder Langusten lebend zu zerteilen, sie müssen erst in kochendem Wasser getötet werden.

Die Languste, die etwas wärmere Gewässer als der Hummer bevorzugt, ist ein hummerähnlicher Meereskrebs, ohne die großen Scheren, aber mit zwei langen Fühlern. Der Rückenpanzer weist warzenförmige, spitze Erhebungen auf. Die Farbskala der Languste reicht von graugrün über gelbgrün bis zu rot-violett. Ihre Hauptfanggebiete sind der Mittelmeerraum, die afrikanischen und die pazifischen Küstenregionen. Die Languste wächst schneller als der Hummer. Bereits nach fünf bis acht Jahren hat sie das Idealgewicht von 1500 g bis 2000 g und eine Länge von 80 cm erreicht. Durch das schnellere Wachstum ist ihr Fleisch etwas trockener und faseriger und nicht ganz so zart wie das des Hummers. Auch Langusten werden in Salzwasserparks gezüchtet. Außerhalb des Meerwassers können sie ca. 1 Woche überleben, wenn sie kühl mit genügender Luftfeuchtigkeit gelagert werden.

Zubereitung, Anrichteweise und Zutaten:

Hummer und Langusten werden gekocht und dann als kalte oder warme Vorspeise, oder als Einzelgericht serviert, wie z. B. anläßlich eines Sektfrühstücks oder eines Soupers. Die Kochzeit beträgt 20 bis 30 Minuten. Dabei verändern die Krustentiere ihre natürliche Farbe, sie werden leuchtendrot. Zu kaltem Hummer oder Languste Majonäsesoße, Remouladensoße, Grüne Soße oder andere Soßen auf der Basis der Majonäse, sowie Toast oder Graubrot und Butter servieren. Hummer oder Langusten können aber auch gedünstet (z. B.: l'homard à l'américaine), gegrillt, gebraten, gratiniert (z. B.: l'homard à la cardinal), oder glaciert (z. B.: l'homard à la Thermidor) werden. Zu warmem, gekochtem Hummer bzw. warmer Languste Zitronensaft, holländische Soße oder Ableitungen reichen.

Ein Hummer oder eine Languste wird im allgemeinen für zwei Personen serviert. Kalter Hummer bzw. kalte Languste kann in der Küche oder vor dem Gast tranchiert werden. In beiden Fällen werden sie auf einer Platte angerichtet. Warmer Hummer bzw. warme Languste kann bereits tranchiert auf Tellern oder Platten angerichtet sein.

Gedeck für Hummer oder Languste:

Kalter bzw. warmer Speiseteller, Fischmesser und Fischgabel, Hummernadel rechts, Brotteller mit Buttermesser links, Ablageteller, Fingerschale.

Hinweis:

Wird Hummer oder Languste warm serviert, so ist er ausgelöst. In diesem Fall deckt man nur ein Fischbesteck ein.

Verzehr von Hummer oder Languste:

In der gehobenen Gastronomie werden diese Krustentiere zuerst dem Gast präsentiert, dann am Guéridon tranchiert, das Fleisch wird ausgelöst und angerichtet. Kann dieser Service nicht geboten werden, kommt der Hummer/die Langu-

teile auslösen kann. In diesem Fall sind die Hummerscheren ausgedreht, der Hummer/die Languste ist längs halbiert und Magen und Darm sind entfernt worden. Die Hummerscheren sind angeknackt. Das Krustentier wird auf einer Platte in seiner ursprünglichen Form angerichtet und beim Gast auf einen kalten Speiseteller vorgelegt. Der Gast löst das Fleisch aus den Scheren, Armen und Beinen, wobei er die Finger zu Hilfe nimmt. Die Beine dürfen auch ausgesaugt werden. Wurden die Arme und Beine dieser Delikatesse nicht schon in der Küche geöffnet, so können diese mit der Hand aufgeknackt werden. Das Fischbesteck dient zum Essen des Scheren- und Schwanzfleisches. Dabei wird das Fleisch gerne in die bestellten Soßen getaucht. Zum Reinigen der Finger dient wie immer die eingesetzte Fingerschale.

Getränkevorschlag:

Zu Hummer oder Languste serviert man hochwertige Schaumweine (z. B. Jahrgangs-Champagner), feinen weißen Burgunder, Graves cru classé, Hermitage blanc, oder trockene Pfälzer Spätlese.

Jakobsmuscheln

Produktinformation:

Jakobsmuscheln (les coquilles Saint-Jacques), auch Pilgermuscheln oder Fächermuscheln genannt, sind entlang der europäischen und amerikanischen Atlantikküste beheimatet. Gegessen wird der von Häuten und Kiemen eingeschlossene Teil der Muschel, die Nuß, mit dem daranhängenden roten Rogen. Der Geschmack der Muschel ist angenehm nußartig, er ist mit dem anderer Muscheln nicht vergleichbar. Frische Jakobsmuscheln sind der tiefgekühlten Ware geschmacklich überlegen.

Zubereitung und Anrichteweise:

St.-Jakobs-Muscheln können unterschiedlich zubereitet werden. Am bekanntesten sind St.-Jakobs-Muscheln in Weißweinsoße und St.-Jakobs-Muscheln auf Blattspinat. Auch als Ragout oder überbacken werden sie gerne angeboten. Große Muscheln werden vor dem Anrichten in flache Stücke geschnitten. Der Garnitur entsprechend werden sie auf Tellern oder in ihren Originalschalenhälften angerichtet. Als Beilage Reis mit Blätterteighalbmonden (les fleurons) oder Toast reichen.

Gedeck für St.-Jakobs-Muscheln in der Schale:

Warmer Speiseteller mit Muschel, Kaffeelöffel, Fischgabel, Brotteller mit Buttermesser, Toastteller.

Hinweis:

Werden Jakobsmuscheln auf einem warmen Speiseteller angerichtet oder vorgelegt, so wird Fischbesteck eingedeckt.

Getränkevorschlag:

Zu St.-Jakobs-Muscheln korrespondieren halbtrockene Weißweine, z. B. aus dem Elsass, oder Sauternes, Barsac, Montrachtet, aber auch Sekt bzw. Champagner.

Kaviar

Produktinformation:

Kaviar ist der Rogen (Fischeier) von Fischen aus der Stör-Familie (Stör, Hausen, Sterlet, Scherg). Diese Fische kommen vor allem im Kaspischen Meer und im Schwarzen Meer vor. Dieser Kaviar hat eine silbergraue bis schwarze Farbe. Eine Ausnahme bildet der „Schah-Kaviar", der von seltenen Albino-Stören stammt und weiß ist.

Nach der Größe des Störs wird zwischen „Beluga" (blauer Dosendeckel), „Ossiotr" (ockergelber Dosendeckel) und „Sevruga" (roter Dosendeckel) unterschieden. Der teuerste Kaviar im Handel ist der „Beluga-Kaviar" mit den größten Körnern. Er stammt vom Hausen, der großen Störart aus dem Kaspischen Meer. „Ossiotr" wird dem kaspischen Waxdick entnommen. Der kleinstkörnige „Sevruga-Kaviar" kommt vom ebenfalls im Kaspischen Meer beheimateten Scherg.

Als „Keta-Kaviar" wird der rote Rogen des Lachses bezeichnet. Die Zusatzbezeichnung „Malossol" bedeutet, dass der Kaviar mit wenig Salz konserviert wurde und dadurch milder im Geschmack ist.

Gedeck für Kaviar:

Nach russischer Sitte wird Kaviar mit Blinis gegessen. Auf diese kleinen Buchweizen-Pfannkuchen etwas zerlassene Butter, Sauerrahm und Kaviar geben. „Kaviar mit Blinis" (le caviar aux blinis) wird mit Mittelmesser und Mittelgabel gegessen.

Gedeck für Kaviar mit Blini:

Kalter Speiseteller, Mittelbesteck, Kaviarmesser rechts schräg angelegt, Brotteller mit Buttermesser links, Kaviarkühler mit angelegtem Kaviarlöffel, Mittelteller mit Blini, kleine Schalen mit Beigaben.

Anrichteweise:

Kaviar wird immer im Originalbehälter, d. h. im Portionsglas mit 16 g, 28 g oder 56 g Füllgewicht oder in der Blechdose mit 250 g, 500 g oder 1000 g Inhalt, auf gestoßenem Eis oder auf einem Eissockel angerichtet.

Zutaten:

Als Beigabe zu Kaviar feingehackte Schalotten, feingehacktes Eiweiß und Eigelb, Toast und Butter, oder Blinis mit Butter und Sauerrahm (saurem Schmant) sowie Zitronenhälften oder Zitronenspalten reichen.

Verzehr von Kaviar:

Die einfachste und häufigste Methode ist, sich zuerst mit dem Kaviarlöffel etwas Kaviar auf seinen Teller zu nehmen, mit der Hand kleine Bissen vom Toast herunterzubrechen, mit dem Buttermesser Butter aufzustreichen und mit dem Kaviarmesser den Kaviar darauf zu verteilen. Hinzu kommen noch die Beigaben ganz nach Wunsch, dann wird der Bissen mit der Hand zum Mund geführt.

Am elegantesten isst man Kaviar, indem gleich eine ganze Scheibe Toast gebuttert, mit Kaviar belegt, mit den Zutaten garniert und mit Hilfe eines Mittelbestecks verzehrt wird.

Hinweis:

Da Kaviar sehr eiweißhaltig und somit schwefelhaltig ist, darf er nicht in Kontakt mit Silber kommen! Um zu verhindern, daß sich der Kaviar im Geschmack verändert, nur mit Spezial-Kaviarbesteck aus Perlmutt, Elfenbein oder Horn servieren. Im Gegensatz zu Kaviar in Gläsern ist der Dosenkaviar nicht pasteurisiert worden. Beim Vorlegen sollte der Fettspiegel an der Oberfläche der geöffneten Dose möglichst wenig verletzt werden, damit er sich länger hält.

Getränkevorschlag:

Zu Kaviar trockenen Champagner, trockenen Weißwein oder auch eisgekühlten russischen Wodka servieren.

Krebse

Produktinformation:

Krebse (l'écrevisse) sind Krustentiere, die in Bächen, Flüssen, Seen und Teichen leben. Flusskrebse sind braun bis schwarzgrau, haben große, höckrige Scheren und eine glatte Kruste. Wir beziehen sie heute vorwiegend aus Nord- und Osteuropa, der Türkei und einigen Gegenden Frankreichs. Flusskrebse sind rar, aber fast das ganze Jahr über erhältlich. In den Sommermonaten schmeckt ihr Fleisch besonders gut. Je nach Größe und Alter unterscheidet man zwischen Suppenkrebsen und Solokrebsen. Suppenkrebse heißen die älteren Exemplare, während die jüngeren, etwa 10 cm langen und ca. 100 g schweren Tiere Solokrebse genannt werden. Ihr zartrosafarbenes Fleisch schmeckt leicht süßlich.

Zubereitung und Anrichteweise:

Flusskrebse müssen unbedingt lebend verwendet werden. Durch Eintauchen in einen kochenden, garnierten Fischsud (le court-bouillon) werden sie getötet und darin anschließend gekocht (à la nage). In einer Suppenterrine werden sie mit dem Sud angerichtet.

Der Panzer der Krebse verfärbt sich beim Kochen intensivrot. Die Krusten der Krebse, wie die von Hummern und Krabben enthalten rote und gelbe Pigmente, die an Eiweiß gebunden sind. Beim Kochen löst sich diese Bindung und die Pigmente werden freigesetzt. Krebse werden etwa 10 Minuten im Sud gekocht, angerichtet und mit gehacktem Dill oder gehackter Petersilie bestreut, dann serviert. Pro Person ein halbes Dutzend oder ein Dutzend Krebse kalkulieren. Dazu Stangenweißbrot, Graubrot oder Schwarzbrot servieren.

Gedeck für Flusskrebse im Sud:

Krebsbesteck, heißer Suppenteller auf Speiseteller, Brotteller mit Buttermesser, Krebstasse mit Kaffeelöffel, Ablageteller, Brotkorb, Fingerschale, die während des Essens mehrmals gewechselt werden sollte.

Verzehr von Flusskrebsen im Sud:

Dem Gast ein bis zwei Krebse in den warmen Suppenteller vorlegen. Mit dem Schöpflöffel Sud in eine vorgewärmte Krebstasse gießen, rechts im Couvert einsetzen. Anstatt der Krebstassen sind auch die kleinen Spezialtassen für exotische Suppen zu verwenden. Der Gast zerlegt die Krebse selbst mit seinen Händen. Dies geschieht folgendermaßen: Mit der linken Hand den Krebs am Brustpanzer erfassen, mit der rechten Hand den Schwanz vom Körper brechen. Die Schwanzringe durch Längsschnitte mit dem Krebsmesser öffnen, dann das Fleisch mit der Krebsgabel herauslösen.

Nach dem Entfernen des Darmkanals Schwanzfleisch mit der Krebsgabel halten und mit dem Krebsmesser zerschneiden. Den Brustpanzer mit den Händen auseinanderbrechen und den Magen entfernen. Zum Öffnen der Scheren die Spitzen in das Loch der Krebsmesserklinge stecken und sie hebelartig aufbrechen. Das saftige Fleisch der Beine nach dem Ausbrechen heraussaugen. Den Krebsfond während des Essens trinken oder erst zum Schluss genießen. Die eingesetzte Fingerbowle dient wiederum zum Reinigen der Finger während des Essens.

Hinweis:

Ein Krebsessen ist eine spritzige Angelegenheit. In Spezialitäten-Restaurants werden den Gästen deshalb Ärmelschürzen und große Servietten mit Krebsmotiven zum Krebsgedeck gereicht. Das Servicepersonal ist den Gästen beim Anlegen dieser Schürzen behilflich.

Getränkevorschlag:

Zu Solokrebsen im Sud trockene Weißweine, wie z. B. einen Riesling von Mosel–Saar–Ruwer, einen Chablis oder einen Muscadet, servieren.

Lachs

Produktinformation:

Lachs, auch Salm genannt, kommt in den kühleren Gewässern der gesamten nördlichen Hemisphäre vor und ist einer der besten Speisefische überhaupt. Sein festes, öliges Fleisch, delikat und schmackhaft, kann von rosa bis dunkelroter Farbe sein. Die im Pazifik lebenden Arten sind dunkler getönt. Wilde Lachse reifen im Meer heran, kehren aber während einiger Wochen, von Dezember bis August, zum Laichen in die Küstenströme zurück. In dieser Zeit gibt es Lachse auch frisch zu kaufen. Geräucherter Lachs ist das ganze Jahr über erhältlich. Marinierter Lachs, auch Graved Lachs, Gravad Lax oder Gravlax genannt, ist eine skandinavische Spezialität und bezeichnet eine uralte Konservierungsart. Die alten Schweden rieben die Seiten des Ostseelachses mit einer Gewürzmarinade ein, verpackten den Lachs luftdicht und vergruben ihn anschließend in der Erde. Dort reifte er mit der Zeit zu einer Köstlichkeit heran.

Gedeck für geräucherten oder gebeizten Lachs:

Kalter Speiseteller, Mittelmesser und Mittelgabel, Brotteller mit Buttermesser, Menagen, Zitrone.

Zubereitung und Anrichteweise:

Den Räucherlachs (le saumon fumé) mit einem speziellen Lachsmesser, mit langer, elastischer Klinge, auf einem Lachsbrett in dünne Tranchen schräg aufschneiden. Dabei am Schwanzende beginnen. Die Tranchen auf einer Glasplatte oder einem kalten Speiseteller anrichten und garnieren. Beim gebeizten Lachs (Graved Lachs) die Bauchgräten mit einer Zange entfernen, dann in Tranchen schneiden. Wie Räucherlachs anrichten.

Zu Räucherlachs und gebeiztem Lachs Toast und Butter, Sahnemeerrettich, Zitrone und eine Pfeffermühle reichen.

Verzehr von geräuchertem oder gebeiztem Lachs:

Lachs wird mit Mittelbesteck gegessen, da er feste Bindegewebsschichten aufweist. Vor dem Verzehr wird er mit Zitrone beträufelt und mit dem Pfeffer aus der Mühle gewürzt. Dazu Sahnemeerrettich, Toast und Butter essen.

Getränkevorschlag:

Lachs ist ein fetter Fisch. Deshalb passen nur trockene, spritzige Weißweine, wie z. B. Saar-Rieslinge, Chablis, Bourgogne Aligoté dazu oder auch Aquavit, Kornschnaps oder Steinhäger.

Matjesfilet

Produktinformation:

Der Matjeshering (le hareng vierge) ist ein jungfräulicher Hering, der hauptsächlich im Nordatlantik gefischt wird und noch auf dem Fangschiff im Ganzen und in Filets geteilt, eingesalzen wird. Das Salz macht das Fleisch gar und schmackhaft. Durch seinen hohen Fettgehalt eignet sich der Hering ideal zum Einlegen und zum Räuchern. Vor der Verwendung in der Küche die eingelegten Fische wässern, um den Salzgehalt zu verringern. Matjesheringe sind im Frühjahr am schmackhaftesten.

Zubereitung und Anrichteweise:

Matjesheringe filetieren oder entgräten. Sie können auf gestoßenem Eis angerichtet oder in Steinguttöpfchen angemacht, z. B. nach Hausfrauenart zubereitet, dem Gast serviert werden. Als Beigaben neue Kartoffeln oder Pellkartoffeln, sowie grüne Bohnen mit Speck oder auch nur Schwarzbrot und Butter reichen.

Gedeck für Matjesfilets:

Kalter Speiseteller, Mittelmesser und Mittelgabel, Brotteller mit Buttermesser, Heringsplatte bzw. -topf mit Vorleger, Menagen, Brotkorb.

Verzehr von Matjesfilets:

Ein bis zwei Matjesfilets auf den kalten Speiseteller vorlegen und mit den bestellten Beilagen versehen. Verzehrt werden sie mit Mittelmesser und Mittelgabel.

Hinweis:

Gelegentlich reicht man als Vorspeise auch einen Matjescocktail. Diesen auf einem Mittelteller mit Papiermanschette servieren und einen Kaffeelöffel rechts, eine Fischgabel links anlegen.

Getränkevorschlag:

Zu Matjesfilet ein kühles, frisch gezapftes Bier, aber auch Aquavit oder Genever servieren.

Melone

Produktinformation:

Es gibt mehrere Melonensorten, die nach Form und Farbe in drei Gruppen eingeteilt werden. Netzmelonen, mit einem Netzmuster auf der Schale, glatte Melonen, deren Schale ziemlich weich ist und Cantaloupe-Melonen, mit warziger, gerippter Schale. Außerdem gibt es Wassermelonen, mit dunkelgrüner Schale und hellrotem Fleisch.

Netzmelonen haben gelblich-grünes, glatte Melonen dagegen grünliches Fruchtfleisch. Die bekanntesten Arten sind die Casaba- und Honigmelonen. Das Fleisch der Cantaloupe-Melone ist orangefarben. Eine Variante ist die in Israel gezüchtete Ogen-Melone mit grünlichem Fleisch.

Gedeck für Melonencocktail:

Mittelteller mit Manschette und Cocktailschale, Kaffeelöffel rechts und Mittelgabel links angelegt, Brotteller mit Buttermesser, Menagen.

Zubereitung und Anrichteweise:

Melonen können auf unterschiedliche Weise zubereitet werden. Zunächst die Melonen halbieren und mit einem Löffel entkernen. Wird Melone als Vorspeise gereicht, ist sie gut zu kühlen, in Spalten zu schneiden, auf kaltem Speiseteller oder einer Glasplatte mit Unterplatte anzurichten. Dazu Parma-Schinken, Bündnerfleisch oder Rehschinken servieren. Hierfür eignen sich besonders die Honigmelone, Ogenmelone und die Galiamelone.

Honig- oder Cantaloupe-Melone können als Vorspeisencocktail serviert werden. Dazu mit Portwein marinieren und gut gekühlt in einer Cocktailschale anrichten.

Eine weitere Angebotsform ist die Portweinmelone. Hierbei vorzugsweise die kleinen Honig- oder Ogen-Melone verwenden. Mit dem Messer den Deckel abschneiden und mit einem Löffel die Kerne entfernen. Anschließend die Melone mit Portwein füllen. Gut gekühlt auf einem kalten Speiseteller mit Standring anrichten.

Gedeck für Melone mit Schinken oder Rauchfleisch:

Kalter Speiseteller mit Melone, Mittelmesser und Mittelgabel, Brotteller mit Buttermesser, Menagen (Pfeffermühle!).

Getränkevorschlag:

Zu Melone mit Schinken oder Rauchfleisch als Vorspeise, halbtrockene, fruchtige Weißweine aus dem Rheingau, oder aus Baden reichen. Zu Melone mit Portwein sollte kein zusätzliches Getränk serviert werden.

Gedeck für Portweinmelone:

Kalter Speiseteller mit Portweinmelone, Mittellöffel rechts, Mittelgabel links, Brotteller mit Buttermesser, Menagen. (Das Tafelbesteck ist für den folgenden Hauptgang vorgesehen!)

Muscheln

Produktinformation:

Muscheln (la moule) sind Schaltiere, von denen etwa 14.000 verschiedene Sorten existieren. Sie werden in Süßwasser- und Salzwasser-Muscheln eingeteilt. Die zum Verzehr am häufigsten verwendete Art ist die Miesmuschel oder Pfahlmuschel. Sie ist länglich, keilförmig, etwa 10 cm lang und meist einfarbig dunkelblau bis hellbraun. Miesmuscheln werden an der Mittelmeer- und an der Atlantikküste in Kulturen gezüchtet.

Zubereitung und Anrichteweise:

Muscheln in kaltem Wasser gründlich abbürsten, anschließend kurz im Weißweinsud mit Zwiebeln und Gewürzen kochen. Durch die Hitzeeinwirkung öffnen sich die Muscheln. Muscheln, die schon vor dem Kochen geöffnet sind, müssen vernichtet werden, da sie ungenießbar sind. Ebenso die Muscheln entfernen, die nach dem Kochen noch fest verschlossen sind (Vergiftungsgefahr!).

Muscheln auf Seemannsart (Moules à la marinière) ist die häufigste Zubereitungsart. Sie werden hierbei in trockenem Weißwein mit gehackten Schalotten, Knoblauch, Kräutern und etwas Cognac gedünstet. Angerichtet werden sie mit ihrem Sud, entweder in einer Suppenterrine oder direkt auf dem Suppenteller. Eine Portion besteht aus etwa 20 Stück Miesmuscheln. Dazu Stangenweißbrot oder Graubrot reichen.

Verzehr von Miesmuscheln im Sud:

In der gehobenen Gastronomie werden die Muscheln samt Sud mit dem Schöpflöffel (la louche) in den warmen Suppenteller gegeben und erst dann serviert. Der Gast kann nun das Muschelfleisch mit der Fischgabel aus den geöffneten Schalen holen und verzehren. Verbreiteter ist jedoch die Methode, eine leere Muschel als Zange zu benutzen und so das Fleisch der anderen Muschel herauszuziehen und zum Munde zu führen. Dazu Stangenweißbrot oder Graubrot servieren. Die leeren Muschelschalen auf den Ablageteller legen. Den Weinsud mit dem Löffel, oder auch mit einer leeren Muschelschale zum Mund führen. Sind alle Muscheln gegessen, die Finger mit Hilfe der Fingerbowle reinigen.

Getränkevorschlag:

Zu den Miesmuscheln im Sud trockene, spritzige Weißweine, wie z. B. Riesling-Weine von Mosel–Saar–Ruwer, Silvaner aus Franken, Chablis, Muscadet vom Tal der Loire oder Entre-Deux-Mers aus dem Bordelais, servieren.

Gedeck für Miesmuscheln im Sud:

Warmer Suppenteller auf Speiseteller, Fischgabel links, Suppenlöffel rechts, Brotteller, Ablageteller, Brotkorb, Fingerschale.

Schnecken

Produktinformation:

Schnecken sind wirbellose Weichtiere. Sie werden in Meeres-, Süßwasser- und Landschnecken eingeteilt. Die größte mitteleuropäische Landschnecke ist die als Delikatesse geschätzte Weinbergschnecke. Sie hat ein etwa 4 cm hohes, bräunliches oder gelblichweißes Häuschen und lebt in Gebüschen, Wäldern und Weingärten kalkreicher Gegenden. Ebenso als Spezialität gilt die etwas kleinere Gartenschnecke. Sie hat ein gelbliches Häuschen mit braunen Bändern. Durch ihren hohen Eiweißgehalt sind Schnecken eine besonders wertvolle Nahrung.

Zubereitung und Anrichteweise:

Schnecken werden meist fertig zubereitet, tiefgefroren oder als Konserve verarbeitet. Es gibt viele Zubereitungsarten, die bekannteste ist Schnecken auf Burgunder Art, mit Kräuterbutter. Hierzu die vorbereiteten Schnecken in das Schneckenhaus geben und die Öffnung mit Kräuterbutter zustreichen. Schnecken überbacken und sehr heiß servieren. „Schnecken im Gehäuse" in einer speziellen Schneckenpfanne anrichten. „Schnecken ohne Gehäuse" kommen in einer Tonpfanne (le caquelon) zum Gast. Für eine Portion ein halbes Dutzend bzw. ein Dutzend Schnecken rechnen. Dazu Weißbrot oder Toast servieren.

Gedeck für Schnecken im Gehäuse:

Warmer Suppenteller auf Speiseteller, Mittellöffel, Schneckengabel, Schneckenzange (links), Brotteller mit Buttermesser, Schneckenpfanne mit Unterteller und Serviette, Toastteller, Ablageteller.

Verzehr von Schnecken:

Sie werden als Vorspeise oder als warmes Zwischengericht serviert. Beim Essen von „Schnecken im Gehäuse" zuerst den Mittellöffel in den Suppenteller legen. Mit der linken Hand die Schneckenzange halten und damit ein Schneckengehäuse nehmen. Mit der Schneckengabel in der rechten Hand die Schnecke aus dem Häuschen holen und auf den Mittellöffel legen. Die geschmolzene Kräuterbutter aus dem Häuschen auf die Schnecke gießen und den Löffel zum Mund führen. Das leere Gehäuse auf den Ablageteller legen. Manche Gäste essen die Schnecken direkt von der Schneckengabel und tunken die geschmolzene Butter aus dem Gehäuse mit einem Stück Weißbrot auf.

„Schnecken in der Tongutpfanne" werden direkt vor dem Gast eingestellt. Mit der Schneckengabel die Schnecke zum Mund führen. Die in der Form zurückgebliebene Kräuterbutter entweder mit dem Kaffeelöffel essen oder mit einem Stück Weißbrot, auf die Schneckengabel gesteckt, auftunken.

Hinweis:

Marinierte, gebackene oder gegrillte Schnecken mit Mittelmesser und Mittelgabel essen.

Gedeck für Schnecken ohne Haus, in der Tongutschneckenpfanne:

Tongutschneckenpfanne auf Speiseteller mit Serviette, Schneckengabel und Kaffeelöffel angelegt oder eingedeckt, Brotteller mit Buttermesser, Toastteller.

Getränkevorschlag:

Zu Schnecken, die mit betont starkem Knoblauchgeschmack (z. B.: auf Burgunder Art) zubereitet wurden, wuchtige, volle Weißweine, wie z. B. einen Ruländer aus Baden, oder gehaltvolle Riesling- bzw. Silvanerweine aus dem Elsaß servieren. Auch Rotweine, wie z. B. Côtes du Rhône, Beaujolais oder Portugieser aus Deutschland, können das Gericht harmonisch abrunden.

Spaghetti

Produktinformation:

Pasta oder Teigwaren sind wichtige Bestandteile der italienischen Küche. Pasta, oder um sie mit ihrer vollständigen Bezeichnung vorzustellen, „Pasta alimentari", lassen sich in zwei Hauptsorten einteilen:

Die Pasta secca oder trockene Pasta wird aus industriell hergestelltem Mehl- und Wasserteig produziert, trocken abgepackt und verkauft. Dagegen wird die Pasta all'uovo oder auch Pasta fatta in casa (hausgemachte Teigwaren) genannt, aus frischem Teig mit Mehl und Eiern hergestellt. Die Pasta secca (getrocknet) ist zunächst ein elastischer Teig aus Mehl, Salz und Wasser, der in einer Vielzahl von Formen und Größen geschnitten, gepreßt und geknetet wird, z. B. in Röhrchen, Bändern, Spiralen, Muscheln, Boden und Rädern. Das Wort Spaghetti bedeutet wörtlich „kleine Stricke". Sie sind die beliebteste Pastaart und frisch oder getrocknet erhältlich. In Süditalien werden spaghettiähnliche Teigwaren als Vermicelli bezeichnet.

Gedeck für Spaghetti:

Warmer Suppenteller auf Speiseteller, Tafelgabel rechts, Tafellöffel links, Brotteller mit Buttermesser, Parmesanbehälter mit Kaffeelöffel.

Zubereitung und Anrichteweise:

Die Kochzeit ist je nach Pasta-Art verschieden. Richtig gekochte Spaghetti sollten nicht weich, sondern „al dente" sein, d. h. sie sollten mit Biss sein. Um ein Zusammenkleben während des Kochens zu verhindern, einen Schuss Öl in das Siedewasser geben. Aus gleichem Grunde sollten sie zügig abgegossen werden. Spaghetti in einer Terrine, oder direkt in einem Suppenteller anrichten.

Verzehr von Spaghetti:

Spaghetti mit Soße aus tiefen Tellern essen. Die jeweilige Soße gut mit den Nudeln vermischen und nach Belieben geriebenen Parmesankäse aufstreuen. Mit der Tafelgabel in der rechten Hand die Nudeln um die Gabelzinken drehen. Der Tafellöffel in der linken Hand unterstützt diese Tätigkeit. Deshalb wird auch ausnahmsweise im Couvert der Tafellöffel links und die Tafelgabel rechts eingedeckt.

Getränkevorschlag:

Je nach Soße oder Beilage Weißweine oder Rotweine zu Spaghetti oder anderen Teigwaren servieren.

Weißwein: z. B. zu Spahetti vongole (mit Muscheln): Verdicchio, Soave
Teigwaren in Rahmsoße: Frascati, Orvieto

Rotwein: Spaghetti in Fleischsoße: Chianti, Beaujolais, Merlot
Teigwaren in Tomatensoße: Chianti, Valpolicella, Barbera.

Spargel

Produktinformation:

Spargel (l'asperge) ist eine Sprossenfrucht aus der Familie der Liliengewächse und eine der feinsten Gemüsesorten. Spargel ist das klassische Frühlingsgemüse der Monate Mai bis Ende Juni (Johannistag, 24. Juni). Es gibt über 20 verschiedene Sorten, wobei der weiße und grüne Spargel (les asperges de Lauris) am bekanntesten sind. Bei uns spielt der weiße Spargel die wichtigere Rolle, wie der grüne Spargel in Frankreich und Amerika beliebter ist. Der grüne Spargel ist nicht so herb-bitter im Geschmack als der weiße Spargel. Spargel ist sehr gesund, hat wenig Kohlenhydrate, einen hohen Eiweißgehalt, enthält die Vitamine A, B_1, B_2, Niacin und viel Vitamin C sowie Natrium, Kalium, Kalzium, Phosphor und Eisen. In Europa wird er vor allem in Frankreich, Belgien, Holland, Italien, Griechenland, Österreich und in Deutschland angebaut.

Gedeck für Spargel mit Schinken:

Warmer Speiseteller, Tafelmesser und Tafelgabel, Brotteller mit Buttermesser, Teller mit Schinken und Vorleger, Saucière mit Soßenschöpflöffel.

Zubereitung und Anrichteweise:

Der Spargel wird sorgfältig geschält, portionsweise gebündelt und in Salzwasser gekocht. Die Kochzeit beträgt 18 bis 20 Minuten, je nach Stangengröße. Spargel kann als kalte Vorspeise, als warmes Zwischengericht, oder mit passenden Beilagen als Hauptgericht serviert werden. Für eine Portion als Hauptgericht sind ca. 400 g Spargel zu rechnen. Zu berücksichtigen ist der relativ hohe Schälverlust von etwa 30%.

Kalten Spargel auf Platten mit Servietten und Unterreller anrichten. Warmen Spargel in Portionsbündeln in einer Spargelwanne im Sud oder auf einer warmen Platte mit einer ungestärkten Stoffserviette bedeckt, anrichten. Zu kaltem Spargel eine Essig-Öl-Kräutersoße (Sc. vinaigrette) servieren. Zu warmem Spargel Holländische Soße (Sauce hollandaise), Schaumsoße (Sauce mousseline) oder Malteser Soße (Sauce maltaise) reichen. Wird Spargel als Hauptgericht serviert, so sind ein kleines Kalbssteak, ein kleines Wiener Schnitzel, oder roher bzw. gekochter Schinken und neue Kartoffeln beliebte Beilagen.

Verzehr von Spargel:

Kalten Spargel als Vorspeise mit Mittelmesser und Mittelgabel essen. Handelt es sich um einen Spargelcocktail, so wird auf den Mittelteller mit Manschette ein Kaffeelöffel rechts und eine Mittelgabel links angelegt. Wird warmer Spargel mit Beilagen als Hauptgang serviert, so ist dazu Tafelbesteck einzudecken.

Getränkevorschlag:

Zu Spargel fruchtige, trockene Weißweine wie z. B. Müller-Thurgau oder Scheurebe aus Franken, Gutedel aus Baden oder Riesling von Mosel–Saar–Ruwer servieren. Auch elsässer Gewürztraminer, Burgunder, Chardonnay und Tavel rosé (Côtes-du-Rhône) korrespondieren sehr gut. Bei kaltem Spargel mit Sc. vinaigrette ist auf Wein zu verzichten.

*Besteckteileübersicht
ausgewählter Gerichte
mit Anrichtemöglichkeiten*

Gericht:	Besteckteile:	Anrichtemöglichkeiten:
Aal, geräuchert	Mittelmesser und -gabel	Glasplatte auf Silberplatte, kalter Speiseteller
Aalgalantine	Fischbesteck	Glasplatte auf Silberplatte, kalter Speiseteller
Artischocken	Mittelmesser und -gabel	Glasplatte auf Silberplatte, kalter oder warmer Speiseteller
Auberginen, gefüllt	Mittellöffel und -gabel	Ovale Cocotte auf Silberplatte, warmer Speiseteller
Austern, natur	Austerngabel	Austernplatte mit gestoßenem Eis, kalter Speiseteller
Blätterteig-Pastetchen	Mittelmesser und -gabel	Ovale Cocotte auf Silberplatte, warmer Speiseteller
Bouillabaisse	Fischbesteck, Tafellöffel	Terrine, warmer Suppenteller auf Speiseteller
Cocktails als Vorspeise	z. B. Hummercocktail: Kaffeelöffel, Fischgabel z. B. Melonencocktail: Kaffeelöffel, Mittelgabel	Cocktailglas auf Mittelteller mit Papiermanschette
Eintopfgerichte	Tafelbesteck, Tafellöffel	Terrine, warmer Suppenteller auf Speiseteller
Feines Ragout	Kaffeelöffel, Mittelgabel	Näpfchen (kleine, runde Cocotte) auf Mittelteller mit Papiermanschette
Fondue-Gerichte	a) Fleischfondue: 2 Fleischfonduegabeln, Tafelmesser und -gabel b) Käsefondue: Käsefonduegabel, Tafelmesser und -gabel	Fonduekessel, vorgewärmter Fondueteller Feuerfeste Fonduepfanne (le caquelon), vorgewärmter Fondueteller
Forellenfilet	Fischbesteck	Glasplatte auf Silberplatte, kalter Speiseteller
Froschschenkel	Mittelmesser und -gabel	Cocotte oder Casserole, Silberplatte mit Papiermanschette, warmer Speiseteller

Menagen / Sonstiges:	Getränkevorschlag:
Pfeffermühle, Toast und Butter, Sahnemeerrettich, Zitrone	Steinhäger oder Aquavit, trockener Weißwein von der Mosel oder aus Franken, ebenso Sherry Fino
Fingerschale, Ablageteller, entsprechende Soßen	Halbtrockene Weißweine, wie z. B. Riesling von der Mosel–Saar–Ruwer oder ein Müller-Thurgau aus Franken
	Roséwein, z. B. Kaiserstühler Weißherbst aus Baden, oder leichte Rotweine
Salz, Pfeffermühle, Fingerschale, Toast, Pumpernickel, Zitrone	Trockene Weißweine, wie z. B. Chablis, Entre-Deux-Mers, Pouilly Fuissé, Sekt
Worcestershire-Soße, Zitronenklips	Helles Ragout: halbtrockenen Weißwein Dunkles Ragout: Weißherbst, Rotwein
Fingerschale, Ablageteller, Brotkorb mit Knoblauch-Weißbrot	Sehr trockene Weißweine, wie z. B. Chablis, Riesling d'Alsace, Meursault
Toast und Butter	Halbtrockene, fruchtige Weißweine
Suppenschöpflöffel, Brotkorb, event. Ablageteller für Knochen	Am besten Bier, zu Irish Stew ein leichter Rotwein
Worcestershire-Soße, Zitronenklips, Toast oder Weißbrot	Leichter, halbtrockener Weißwein, z. B. Silvaner von der Nahe (Franken)
Würzsoßen, Weißbrot oder Toast	Fleischfondue: Rotwein, wie z. B. einen Dôle aus dem Wallis oder einen Spätburgunder von der Ahr oder Pfalz Käsefondue: Trockener Weißwein, z. B. Walliser Fendant, Neuenburger usw. Fondue chinoise: Trockene Weißweine
Pfeffermühle, Toast und Butter, Sahnemeerrettich, Zitrone	Trockene und halbtrockene, gehaltvolle Weißweine, z. B. aus Franken, Rheingau
Ablageteller, Fingerschale	Leichte, trockene Weißweine, Rosé oder Weißherbst

Fortsetzung auf Seite 110

Gericht:	Besteckteile:	Anrichtemöglichkeiten:
Gänseleber in der Terrine	Mittelmesser und -gabel, zwei Kaffeelöffel	Originalbehälter auf Eis, kalter Speiseteller
Hummer und Languste	Fischbesteck, Hummernadel	Silberplatte, kalter bzw. warmer Speiseteller
Jakobsmuscheln in der Schale	Kaffeelöffel, Fischgabel	Warmer Speiseteller mit Muschel
Kaviar	Kaviarmesser und -löffel Mittelbesteck	Kaviarkühler mit Eis, kalter Speiseteller, Originalbehälter
Krebse	Krebsmesser und -gabel, Kaffeelöffel	Terrine, warmer Suppenteller auf Speiseteller, Krebstasse
Lachs geräuchert, gebeizt	Mittelmesser und -gabel	Glasplatte auf Silberplatte, kalter Speiseteller
Matjesfilets	Mittelmesser und -gabel	Glasplatte mit gestoßenem Eis, Steinguttöpfchen, kalter Speiseteller
Melone	a) Melone mit Schinken: Mittelmesser und -gabel b) Melonencocktail: Kaffeelöffel, Mittelgabel c) Portweinmelone: Mittellöffel, Mittelgabel	Glasplatte auf Silberplatte, kalter Speiseteller Cocktailschale, Mittelteller mit Manschette Kalter Speiseteller mit Standring
Muscheln	Suppenlöffel, Fischgabel	Terrine, warmer Suppenteller auf Speiseteller
Schnecken	a) im Gehäuse: Schneckengabel, -zange, Mittellöffel b) ohne Gehäuse: Kaffeelöffel und Schneckengabel	Schneckenpfanne mit Unterteller und Serviette Tongutschneckenpfanne auf Speiseteller mit Serviette
Spaghetti	Tafelgabel und -löffel	Warmer Suppenteller auf Speiseteller
Spargel mit Schinken	Tafelmesser und -gabel	Spargelwanne im Sud, warme Platte mit Stoffserviette, warmer Speiseteller

Menagen / Sonstiges:	Getränkevorschlag:
Toast, Weißbrot oder Brioche mit Butter, Kännchen mit heiß. Wasser	Würziger Weißwein, wie z. B. Gewürztraminer aus dem Elsass
Ablageteller, Fingerschale	Trockene Weißweine oder hochwertige Schaumweine (z. B. Jg.-Champagner)
	Halbtrockene Weißweine, z. B. aus dem Elsass, aber auch Sekt (Champagner)
Toast und Butter oder Blinis, Zitrone, Schalen mit Beigaben	Trockener Weißwein oder Champagner, oder eisgekühlten russischen Wodka
Ablageteller, Fingerschale, Stangenweißbrot oder Graubrot	Trockene Weißweine, wie z. B. Rieslind von Mosel–Saar–Ruwer, Chablis oder Muscadet
Pfeffermühle, Toast und Butter, Sahnemeerrettich, Zitrone	Trockene, spritzige Weißweine, wie z. B. Saar-Rieslinge, Chablis usw.
Als Beigaben reicht man neue Kartoffeln oder Pellkartoffeln, gr. Bohnen mit Speck, Schwarzbrot	Man serviert am besten ein kühles, frisch gezapftes Bier, aber auch Aquavit oder Genever
Pfeffermühle, Toast und Butter	Zu Melone mit Schinken oder Rauchfleisch als Vorspeise, reicht man trockene, fruchtige Weißweine aus dem Rheingau oder aus Baden. Zu Melone mit Portwein sollte kein zusätzliches Getränk serviert werden
Stangenweißbrot oder Graubrot, Ablageteller, Fingerschale	Trockene, spritzige Weißweine, wie z. B. Riesling von der Mosel, Chablis
Weißbrot oder Toast, Ablageteller	Bei betont starkem Knoblauchgeschmack serviert man wuchtige, volle Weißweine, z. B. Ruländer aus Baden oder gehaltvolle Riesling- bzw. Silvanerweine aus dem Elsass. Gelegentlich können auch Rotweine das Gericht harmonisch abrunden.
Parmesanbehälter mit Kaffeelöffel	Je nach Soße: Weißwein oder Rotwein
Saucière mit entspr. Soßen, evtl. Spargelheber oder -zange	Fruchtige, trockene Weißweine, wie z. B. Müller-Thurgau oder Scheurebe aus Franken, Gutedel aus Baden oder Riesling von Mosel–Saar–Ruwer

*Bestecktabelle
mit
Verwendungsmöglichkeiten*

Nr.	Besteckteilname	Verwendung
1	*Tafelgabel*	Vorlegebesteck zusammen mit dem Löffel Bestandteil des Hauptbesteckes, für alle Hauptspeisen.
2	*Tafellöffel*	Vorlegebesteck. – Suppen aus Tellern, Eintopfgerichte.
3	*Tafelmesser*	Für Hauptgerichte
4	*Mittelgabel*	Für kalte und warme Vorspeisen, Zwischengerichte. Für Desserts, in Verbindung mit dem Mittellöffel. Zu Käse in Verbindung mit dem Mittelmesser.
5	*Mittellöffel*	Zu Suppen in Tassen. – Für Desserts.
6	*Mittelmesser*	Als Buttermesser für den Brotteller. Für kalte und warme Vorspeisen, Zwischengerichte. Käse.
7	*Buttermesser*	Für Butter, wird auf den Brotteller gelegt. Evtl. auch für Frischobst, das separat serviert wird.
8	*Fischgabel*	In Verbindung mit dem Fischmesser für alle warmen Fischgerichte und kalte Fischgerichte, die leicht zu zerteilen sind, wie geräucherte Forellenfilets. Als Anlegegabel für Fischcocktails. Ergänzungsbesteck für Krustentiere, wie Hummer, Languste.
9	*Fischmesser*	In Verbindung mit der Fischgabel wie oben.
10	*Salatgabel*	Meist in Verbindung mit dem Löffel Nr. 11 als Salatbesteck.
11	*Salat- oder Gemüselöffel*	Als Anlagelöffel für Gemüseplatten, Salate.
12	*Soßenlöffel*	Zum Schöpfen von Soßen, aber auch als Hilfsmittel beim Flambieren – Erwärmen des Alkohols im Löffel.
13	*Gebäckzange*	Zum Herausnehmen von Gebäck, trockenem Kuchen.
14	*Limonadenlöffel*	Für Limonaden, heiße Zitrone, Getränke, die in hohen Gläsern serviert werden. Auch als Barlöffel.
15	*Kaffeelöffel*	Für Kaffeegetränke. Als Dessertbesteckteil, auch in Verbindung mit der Kuchengabel. In der Praxis auch häufig als Anlegebesteck für Vorspeisencocktails. Zu Spezialsuppen und exotischen Suppen, die in kleinen Tassen oder Mokkatassen serviert werden.
16	*Teelöffel*	In der Praxis meist nicht vorhanden, da mit dem Kaffeelöffel gearbeitet wird.
17	*Mokkalöffel*	Für Mokka.
18	*Eisspaten*	Spezieller Eislöffel, für Eis ohne Früchte oder Soße.
19	*Kuchengabel*	Für Kuchen aller Art. Als Dessertbesteckteil in Verbindung mit dem Kaffeelöffel. Anlegebesteck für Vorspeisencocktails.
20	*Grapefruitlöffel*	Mit Sägeschliff versehener Löffel, um Grapefruitfleisch der halben Grapefruit zu lösen.
21	*Kaviarschaufel*	Anlegebesteck zum Herausheben des Kaviars aus dem Glas.
22	*Kaviarmesser*	Hier aus Perlmutt gefertigt – Oxidation! Dient zum vorsichtigen Auftragen des Kaviars auf Toast oder Blinis.

Nr.	Besteckteilname	Verwendung
23	*Schneckenzange*	Zum Festhalten der Schneckenhäuser.
24	*Schneckengabel*	Schlanke Gabel, die zum Herausziehen der Schnecke aus dem Haus dient.
25	*Hummergabel*	Wird rechts schräg an das Couvert angelegt. Dient zum Herauslösen des Hummer- und Langustenfleisches, besonders der schwer zugänglichen Füße.
26	*Hummerzange*	Dient zum Öffnen und Brechen der Hummerscheren. Aufgabe des Restaurantfachmannes, wird deshalb in der Regel nicht eingedeckt.
27	*Krebsgabel*	Zweizinkige spitze Gabel, die zum Festhalten der Krebse dient.
28	*Krebsmesser*	Scharfes Messer zum Zerschneiden der Krebskörper. Das Loch in der Klinge dient zum Abbrechen der Scherenspitzen, damit sich das Fleisch besser herauslösen läßt.
29	*Austerngabel*	Wird rechts schräg angelegt. Dient zum Lösen des Austernfleisches von der Schalenunterseite, auch zum Essen der Auster.
30	*Grapefruitmesser*	Dient mit seiner Rundung zum einfachen Lösen des Fruchtfleisches der halbierten Grapefruit.

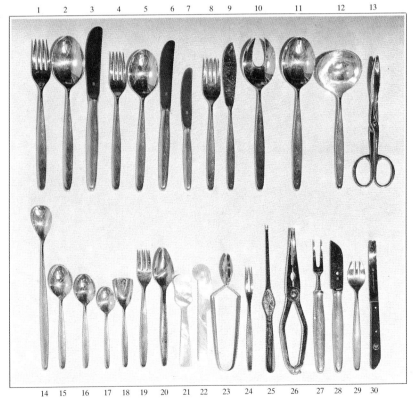

115

Alphabetisches Stichwortverzeichnis

A

Aal 60
Amerikanisches Frühstück 41
Artischocke 62
Aschenbecher 36
Aubergine 65
Ausrichten der Stühle 31
Austern 66

B

Bestecke, Eindecken der 32
Bestecktabelle 113
Besteckteileübersicht 107
Bischofsmütze, doppelt 14
Bischofsmütze, einfach 13
Blätterteig-Pastete 68
Bouillabaisse 70
Brotteller 33

C

Cereals 43
Cocktails 72
Coquilles Saint-Jacques 86

D

Dreier-Block 35
Dreier-Reihe 35
Dreigangmenü 48
Dschunke (Schiffchen) 20

E

Eierfrucht 64
Eindecken der Bestecke 32
Eindecken eines Tisches 27
Einstellen der Gläser 34
Eintopf 74

Englisches Frühstück 41
Erweitertes Frühstück 40
Etagen-Frühstück 44

F

Fächer 22
Fächer, Variante 24
Feines Ragout 75
Fleurons 86
Fondue 76
Forellenfilet 79
Froschschenkel 80
Frühstück, amerikanisch 41
–, englisches 41
–, erweitertes 40
–, Etagen 44
Frühstücksgedecke 38
Fünfgangmenü 52

G

Gänseleber 82
Galantine 60
Gläser, Einstellen der 34
Graved Lachs 93
Grundlinie 31

H

Hummer 84

I

Irish Stew 74

J

Jakobsmuscheln 86

K

Käsefondue 76
Kaffee, komplett 45
Kaviar 88
Krebse 90
Kopftuch der Holländerin 16

L

Lachs 93
Languste 84
Lilie, französische 18

M

Matjesfilet 94
Melone 96
Menüfolgen 48
Menükarten 37
Mundservietten auflegen 31
Mundservietten falten 36
Muscheln 99

P

Pasta 103
Pichelsteiner 71
Platzteller einstellen 31
Portweinmelone 97
Pot au feu 74

R

Ragout, Feines 75
Ragout fin 68

S

Salm 93
Schnecken 100
Sechsgangmenü 54
Servietten 9
Siebengangmenü 56
Solokrebse 90
Sorbet 55
Spaghetti 103
Spargel 105
Spezialbestecke 59
Stichwortverzeichnis 117
Stopfleber 82
Stühle, Ausrichten der 31, 37

T

Tafelspitz, doppelt 10
Tafelspitz, einfach 9
Tischdekoration 36
Tische ausrichten 27
Tisches, Eindecken eines 27
Tischwäsche auflegen 28
Tüte (Hütchen) 12

V

Vermicelli 103
Viergangmenü 50

W

Welsh rarebits 66